L'autisme n'est pas irréversible! Comment mon fils a été guéri

Catalogage avant publication de Bibliothèque et Archives nationales du Québec et Bibliothèque et Archives Canada

Evelyne Claessens

L'autisme n'est pas irréversible! Comment mon fils a été guéri

Comprend des réf. bibliogr.
ISBN 978-2-923656-14-4

Équipe éditoriale: Maurice Bourassa, Joelle Charest, Elizabeth Mercier et François Martin
Révision: Geneviève Breuleux
Mise en page : GROUPÉDITIONS ÉDITEURS
Conception et montage de la page couverture: Faustin Bouchard
Distribution: Messageries de Presse Benjamin et Groupéditions Éditeurs

L'autisme n'est pas irréversible! Comment mon fils a été guéri
ISBN 978-2-923656-14-4

Dépôt légal - Bibliothèque et Archives nationales du Québec, 2009
Dépôt légal - Bibliothèque et Archives Canada, 2009

Evelyne Claessens

L'autisme n'est pas irréversible!
Comment mon fils a été guéri

GROUPÉDITIONS

REMERCIEMENTS

Je tiens à remercier Denis, mon mari, qui a su si bien m'encourager dans mes démarches. Il m'a permis de faire certaines expériences même s'il n'était pas toujours d'accord. C'est grâce à lui si j'ai pu cesser de travailler temporairement afin de pouvoir mener à bien ce projet.

Merci à mes beaux-parents pour leur soutien financier. Cela nous a grandement aidés à traverser les épreuves difficiles. Merci aux observations, remarques et conseils de notre belle-sœur, sans quoi, peut-être, nous n'aurions pu sauver notre fils : Pour de meilleurs résultats l'enfant doit être pris en mains assez tôt avant que le corps ait subi des dommages irréversibles.

Merci à mon fils pour son courage et sa grande détermination. Il n'a jamais baissé les bras et il s'est battu jusqu'au bout.

Merci à ma fille Angéline. Sa joie de vivre a été pour moi un vrai rayon de soleil lors des journées les plus sombres.

Je veux remercier, du plus profond de mon cœur, Monsieur Rony Nizard, un chercheur en gastronomie qui a fait des études en sciences des aliments. William est le mille cent vingt-septième enfant autiste que cet homme a contribué à guérir gratuitement, et parmi ceux-là, plusieurs en sont guéris complètement. Son grand savoir nous a aidés à guérir notre fils. Merci pour toutes les choses qu'il m'a apprises au sujet de l'autisme.

Merci à la directrice d'une association d'autisme de ma région, Carmen, qui m'a invitée à un café-rencontre me permettant ainsi de partager mon témoignage avec d'autres parents.

Merci à notre médecin de famille qui a été l'une des premières personnes à me mettre la puce à l'oreille. Lorsque je lui ai demandé : « Qu'est-ce qui rend les enfants autistes ? Il ma répondu : La pollution et les organismes génétiquement modifiés ».

Merci à toutes les personnes qui ont travaillé auprès de William : naturopathe, homéopathe, ergothérapeute, orthophoniste, gastroentérologue, diététicienne, nutritionniste, médecins, ORL, infirmière, zoothérapeute, travailleuse sociale, éducatrices spécialisées dont Joliane, Marie-Noëlle, et non la moindre : Magalie. Merci pour le professionnalisme, la compréhension, la disponibilité et la générosité de toutes les intervenantes du centre de la petite enfance.

Merci au Great Plains Laboratory pour ses services. Merci à Jenny Mc Carthy et à tout ce qu'elle fait, car c'est elle qui me donne le goût de continuer de me battre pour les enfants des autres.

Merci à mon éditeur qui a cru dans mon projet.

Et surtout : « Merci à Dieu d'avoir exaucé mes prières et d'avoir placé les bonnes personnes sur notre chemin! » Je crois que si Dieu m'a donné un fils autiste qu'il m'a aidée à guérir, c'est qu'il s'attend peut-être à quelque chose de moi en retour. L'autisme a donné un sens à ma vie. J'ai enfin trouvé la raison pour laquelle je suis venue sur Terre. J'ai une mission à accomplir.

PRÉFACE

Il n'y a pas si longtemps, les mères étaient pointées du doigt, jugées et condamnées d'emblée lorsque leur enfant présentait des troubles de comportement, de développement ou dont la santé était déficiente. Médecins et psychanalystes évoquaient immédiatement l'hypothèse de la relation fusionnelle et symbiotique mère-enfant pour expliquer des troubles aussi différents et variés que l'asthme, les allergies et, bien entendu, les troubles envahissants du développement (TED).

Or, les observations de plusieurs chercheurs tendent à soutenir l'hypothèse de liens significatifs entre certains troubles du système digestif, l'effet des polluants de l'environnement et l'émergence d'un nombre de plus en plus élevé de cas chez les jeunes enfants présentant de problèmes multiples. Il en est de même de la montée en flèche du nombre de diagnostics d'autisme et de TED chez nos jeunes. Le docteur Andrew Wakefield, gastroentérologue anglais, a créé une immense controverse qui fait encore rage à ce jour dans le milieu scientifique lorsqu'il a conclu à l'existence d'une forme d'autisme régressif qui serait directement provoquée par l'administration du vaccin ROR (rougeole, oreillons, rubéole). Selon lui, l'inoculation de ce vaccin provenant de souches multiples provoquerait chez certains enfants des symptômes gastro-intestinaux chroniques. Et, toujours, selon ses recherches, ces enfants développent des comportements régressifs de type autistique à la suite de l'apparition de ces symptômes.

Le docteur Karoun Horvath et son équipe de recherche ont découvert les effets positifs de la sécrétine[1] chez les enfants autistes. En Italie, en Norvège, en Écosse et aux États-unis, des chercheurs observé une réduction des symptômes autistes lors de l'élimination d'aliments contenant du blé et du lait. En outre, mon travail révèle une hausse des quantités de levures (Candida) et de certaines bactéries dans l'intestin des enfants autistes.

L'idée voulant que le fonctionnement anormal de l'intestin soit relié à un disfonctionnement du cerveau n'est pas neuve : des convulsions, des états dépressifs et même la psychose ont été associés à la présence de la maladie coeliaque[2]. L'encéphalopathie hépatique[3] mène à la détérioration cérébrale ou à la psychose due à l'absorption excessive de l'ammoniac produit pas le système gastro-intestinal.

Comprendre l'autisme représente un défi important qui soulève des questions partout à travers le monde quant à son étiologie et son traitement. Le livre, écrit par madame Évelyne Claessens, apporte une contribution importante à la communauté concernée par l'autisme.

Dans ce livre, madame Claessens traite de l'impact des suppléments vitaminiques et de certains aliments sur le corps. Cet ouvrage propose aussi des traitements visant à éliminer les micro-organismes nuisibles et décrit plusieurs autres formes de thérapie.

J'appuie sans réserve ce qui est traité dans ce livre qui servira certainement de guide pratique aux parents, aux thérapeutes et à toutes les personnes qui ont des contacts avec les enfants et les adultes atteints d'autisme. Le livre de madame Claessens s'inscrit dans la foulée des actions – dont la diffusion des informations sur Internet – qui encouragent les parents à se doter de moyens pour augmenter leurs connaissances, leur compréhension, leur autonomie et leur efficacité dans le traitement des êtres qui leur sont chers. De plus, la disponibilité de ces informations en langue française sera un grand atout pour le monde francophone.

William Shaw Ph.D.
Directeur du Great Plains Laboratory for Health, Nutrition and Metabolism, Lenexa, Kansas, USA.
Auteur du livre *Traitements biologiques de l'autisme et désordres associés*

---

[1] La sécrétine est une hormone qui agit comme médiateur dans la sécrétion par le pancréas d'enzymes digestives.

[2] La maladie coeliaque est aussi appelée entéropathie au gluten. Il s'agit d'un trouble auto-immunitaire déclenché par une intolérance permanente au gluten et qui se manifeste à la partie supérieure de l'intestin grêle. Il en découle une atrophie des villosités intestinales qui provoquent la malabsorption de plusieurs nutriments - fer, calcium, acide folique en particulier.

[3] Définition : troubles nerveux graves apparaissant à la suite d'atteintes hépatiques toxiques ou virales.

INTRODUCTION

MON FILS A ÉTÉ DIAGNOSTIQUÉ AUTISTE

Mon nom est Évelyne Claessens. J'ai fait des études collégiales et universitaires dans le domaine des arts. J'ai ensuite travaillé en tant qu'enseignante et comédienne pendant plus de dix ans. Je suis surtout la mère de deux enfants adorables, une fille et un garçon.

Mon fils se nomme William. À l'âge de 15 mois, il savait dire une trentaine de mots. Il se développait normalement et a reçu, à 18 mois, comme tous les enfants de son âge, le vaccin ROR (rougeole-oreillons-rubéole). Il a alors perdu l'usage de la parole. Par la suite, il a été hospitalisé en raison d'otites à répétition incluant une mastoïdite (infection à l'intérieur de l'os du crâne) et a reçu des doses massives d'antibiotiques. La régression s'est poursuivie et, finalement, un diagnostic terrible et implacable nous a été annoncé : mon fils était « autiste avec troubles de coordination », état réputé être irréversible. Que faire dans une telle situation? Mon mari et moi avons évidemment accepté qu'un suivi médical soit effectué, rapidement nous avons compris que nous étions laissés à nous-mêmes. Aucun médecin ne nous a orientés vers des traitements possibles, en fait, nous avons découvert que les médecins ne savaient pas comment traiter l'autisme.

Désespérée, j'ai alors entrepris de me documenter, et j'ai consulté cinq spécialistes afin de trouver un moyen pour guérir mon fils.

Or, après avoir retiré les produits laitiers de son alimentation, nous avons constaté qu'il a recommencé à parler et surtout j'ai remarqué que son contact visuel réapparaissait. Bien « qu'autiste », mon fils était hyperactif et après avoir retiré le gluten (céréales dont le blé, l'avoine, le seigle, l'orge...) de son alimentation, il est devenu beaucoup plus calme et... plus de 50 % de ses symptômes autistiques ont disparus. On nous a alors recommandé de retirer de son alimentation d'autres aliments possiblement allergènes : nous avons tenté l'expérience et notre enfant est redevenu tout à fait normal : vif, présent, enjoué. Tous les spécialistes qui ont œuvré à ses côtés en ont été bouleversés: « Autant de changements en si peu de temps! » William n'est plus autiste. Mais les médecins, médusés, ne veulent plus se prononcer, ne pouvant admettre qu'il est guéri : « il en avait pourtant toutes les caractéristique », ont-ils déclaré à mon mari, le 13 janvier 2009... en reconnaissant ainsi la réalité des choses.

C'est l'amour que j'ai pour mon fils qui m'a donné la force, le courage, la motivation, la persévérance et la détermination d'entreprendre toutes les recherches et les démarches nécessaires qui ont conduit William sur la voie de la guérison. L'autisme de mon fils a été le plus grand combat de ma vie, mais c'est aussi ma plus grande victoire qui m'a donné la motivation de mener à terme la rédaction de ce livre, peu importe les obstacles que j'aurais à surmonter.

Le nombre de diagnostics d'autisme augmente d'une manière imprévisible et fulgurante. Il est difficile de comprendre les raisons pour lesquelles un enfant se développe normalement jusqu'à un certain âge, et qu'après avoir reçu des vaccins et des antibiotiques, il se met à régresser. Si la génétique en était réellement la cause principale, l'enfant viendrait au monde comme tel, alors que ce n'est pas le cas puisque ce sont des impacts extérieurs qui contribueraient à déclencher l'émergence des symptômes.

L'autisme pourrait bien n'être qu'une forme de manifestation de l'organisme suite à une intoxication due, soit à une mauvaise alimentation, soit à la pollution atmosphériques ou environnementale, médicamenteuse ou chimique. Dans cet ouvrage, je vais tenter de démontrer que l'autisme se guérit ou se contrôle très bien par une diète, une désintoxication aux métaux lourds, une cure contre les levures intestinales et par l'ajout de suppléments alimentaires.

Tous les parents d'enfant(s) autiste(s) ont le droit de connaître le même bonheur que celui que j'ai eu et chaque enfant autiste a le droit d'avoir une vie normale. Je veux donner l'espoir aux parents. Je voudrais que le monde entier sache qu'il est possible de sortir son enfant complètement du spectre autistique en lui faisant suivre des traitements appropriés et personnalisés. C'est ce qu'on appelle : l'approche biochimique. D'autres utilisent les termes suivants : traitements biologiques ou interventions biomédicales, mais c'est la même chose.

Je ne suis pas médecin, mais j'ai réussi à guérir mon fils de l'autisme, ce que peu de médecins peuvent se vanter d'avoir accompli. Je suis une maman qui a suivi son instinct de mère pour soigner son fils d'une manière appropriée sans l'aide de la médecine conventionnelle. J'ai donc décidé d'écrire ce livre afin de permettre à d'autres parents de bénéficier de mes connaissances pour améliorer la qualité de vie de leur enfant ainsi que celle de toute leur famille. J'espère qu'il s'agira également d'un outil précieux pour des recherches scientifiques et médicales futures. Je souhaite que tous les étudiants en médecine se penchent davantage sur le phénomène grandissant de l'autisme afin de mieux le comprendre et de ne pas commettre les mêmes erreurs que ceux qui les ont précédés. Je voudrais que mon témoignage permette aux éducateurs et aux enseignants d'intervenir d'une manière plus convenable auprès des jeunes enfants aux prises avec l'autisme. Il faudrait que cela provoque chez certaines personnes une plus grande ouverture d'esprit qui leur permettrait de réagir adéquatement avant qu'il ne soit trop tard. Ce qui est certain, c'est que cet ouvrage soulèvera une polémique, fera bouger bien des choses et fera couler beaucoup d'encre. Considérez ce livre comme étant un cri d'alarme rempli d'espoir.

L'histoire de William n'est pas unique. Il y a plusieurs enfants aux États-Unis qui ont été guéris. Il y a même un organisme américain qui porte le nom de *Generation Rescue* et qui proclame le slogan suivant : *Autism is preventable and reversible.*

PREMIÈRE PARTIE

L'ENFANT SE RACONTE

Pour mieux illustrer l'histoire de sa guérison, j'ai choisi de la présenter à travers la bouche de mon enfant. Bien entendu, il s'agit d'une narration à partir de ma propre perception de ce qu'il a vécu.

Bonjour! Je m'appelle William et voici ce que j'ai vécu

Bonjour! Je m'appelle William. À l'âge de deux ans et demi, j'ai été diagnostiqué « autiste accompagné de troubles de coordination ». Cinq mois après le début des traitements, je suis passé à « troubles envahissants du développement non spécifié ». Pourtant, je suis redevenu un enfant « normal » à l'âge de 4 ans. Aujourd'hui, j'ai 5 ans et je fréquente une maternelle dans une école primaire privée, sans accompagnement. Laissez-moi vous raconter mon histoire

LA GROSSESSE

Ma mère est devenue enceinte de moi alors qu'elle prenait encore la pilule anticonceptionnelle. Ce fut toute une surprise, car mes parents ne s'attendaient vraiment pas à cette grossesse. Ils se croyaient trop vieux pour avoir des enfants, mais leur amour pour moi était déjà si grand qu'ils décidèrent de se marier plus tôt que prévu.

Alors que je n'étais encore qu'un fœtus, je n'ai causé aucun désagrément majeur à ma mère, elle n'a eu aucune nausée. Elle était juste un peu plus fatiguée.

Ils craignaient que je sois autiste

Cependant, mes grands-parents, eux, semblaient inquiets. Ils craignaient que je sois autiste comme leur autre petit-fils. C'est la raison pour laquelle ils n'ont pas manifesté beaucoup d'enthousiasme lorsque mes parents leur ont appris la grande nouvelle.

Afin d'accroître mes chances, ma mère prit le risque de baisser sa médication. Son médecin l'avait rassurée en lui disant qu'il n'y avait aucun danger à consommer des neuroleptiques pendant la grossesse, car des statistiques démontrent qu'ils ne sont pas responsables de malformations congénitales. Malgré tout, ma mère a décidé de prendre le strict minimum pour se protéger et me donner ainsi la meilleure des chances.

Les groupes sanguins de mes parents étaient incompatibles. Pour que le système immunitaire de ma mère ne produise pas d'anticorps contre mon type sanguin, elle dut recevoir le vaccin rhésus négatif, à trois reprises. Ce sérum qui contiendrait du mercure était nécessaire seulement dans le cas d'une deuxième grossesse. Ma mère a également reçu un vaccin contre la grippe qui contiendrait lui aussi du thimérosal.

Durant toute cette période, l'alimentation est très importante pour que je reçoive tout ce dont j'ai besoin pour bien me développer. Ma mère buvait suffisamment de lait et mon père lui faisait manger du brocoli en le camouflant à l'intérieur de la sauce à spaghetti, car il croyait que cela allait être bon pour moi.

Quelques semaines plus tard, je reçois les ultrasons déplaisants d'une machine qui viennent perturber mon bonheur. Sachant que mes parents me faisaient des « coucous » à l'écran, je les salue d'un signe de la main, ce qui surprit ma mère. Mon père, croyant apercevoir quelque chose entre mes deux jambes, s'exclame avec émotion : *« Mon fils ».* Lorsqu'un autre appareil leur fit entendre les battements de mon cœur, ce fut toute une révélation. Tout allait bien, du moins, pour l'instant. Mon rythme cardiaque ressemblait au son d'un cheval au galop. De là mon surnom de « Petit Galop ». Malheureusement, je sentais que quelque chose n'allait pas, parce que l'infirmière n'arrivait pas à bien détecter la clarté nucale à l'écographie. Ils firent donc passer un test de sang à ma mère afin de mesurer son niveau de protéines.

« On va perdre Petit Galop ! »

Trois semaines plus tard, la secrétaire médicale appelle ma mère en lui disant que le médecin voulait la voir immédiatement. Elle lui recommande fortement d'être accompagnée. Mes parents, bouleversés, sentaient bien que quelque chose ne tournait pas rond. J'entendis le médecin annoncer à mes parents : *« Votre enfant a une chance sur neuf d'être trisomique. »* Ma mère tenta de rester imperturbable pendant que mon père fondait en larmes. Ils avaient évalué l'âge du corps de ma mère comme étant celui d'une femme de quarante-huit ans alors qu'elle en avait que trente-sept. J'ai senti tout le poids de l'humanité s'écrouler sur les épaules de mes parents. Je me suis replié sur moi-même à l'intérieur de cette matrice si chaleureuse. Je sentais à quel point tout cela leur faisait beaucoup de chagrin. « Je vais essayer de toutes mes forces de me développer le plus normalement possible, me suis-je dit. Je voudrais tant leur faire plaisir. J'aimerais répondre aux critères de l'enfant parfait. Tous les parents rêvent d'avoir un enfant normal. »

J'entends souvent mes parents pleurer en se disant : « On va perdre Petit Galop ! » J'ai peur! Pour ma mère, il n'était pas question d'avortement, parce qu'elle était déjà trop fortement attachée à moi.

Malgré toutes ces émotions, mes parents gardaient espoir. Cela n'empêchait pas mon père de faire jouer tous les soirs la mélodie, provenant d'une boîte à musique, posée sur le ventre de ma mère. À chaque fois que j'entendais « La vie en rose », cela me rassurait.

Un jour, à l'hôpital, les médecins ont questionné mes parents afin de connaître leurs antécédents génétiques. Le mot : « autiste » a retenti à mes oreilles, parce que mon père a un neveu qui en souffre. Puis, une aiguille m'a frôlé pour venir me voler du liquide amniotique afin d'en analyser les chromosomes. L'amniocentèse était risquée puisqu'elle aurait pu provoquer une fausse couche.

J'ai entendu ma mère prier beaucoup. Chaque soir, elle demandait à Dieu de faire en sorte que tout aille bien.

Cinq semaines d'angoisse passèrent.

Et puis, j'entendis une sonnerie qui a retenti à maintes reprises. Je me sentis ballotté à gauche puis à droite, car ma mère devait courir pour aller répondre au téléphone. Une infirmière lui annonça : « N'ayez crainte…tout est normal. Il n'y a aucune anomalie chromosomique. Tout est beau! » J'ai senti la joie de ma mère envahir tout son corps. Elle tomba à genoux, les larmes aux yeux. L'infirmière demanda à ma mère si elle voulait connaître mon sexe. Elle lui confirma qu'elle attendait un petit garçon, même si ma mère aurait préféré une petite fille, l'important était que je sois un enfant en bonne santé.

L'ACCOUCHEMENT

J'en suis à trente-neuf semaines et cinq jours de gestation. Je me sens si tassé que je n'ai même plus de place pour bouger. Les muscles du ventre de ma mère se contractent sur moi et se relâchent à l'occasion. J'entends les médecins dire qu'ils allaient garder ma mère à l'hôpital même si les contractions ne sont pas régulières, sa pression étant trop élevée.

« Pardonne-moi, maman, si je te fais si mal. »
Je sens un crochet de plastique m'effleurer la tête. « Pourquoi provoquent-ils ma mère? Elle a assez de douleurs comme ça! » J'entends ma mère supplier la garde-malade de lui donner l'épidurale, parce que la souffrance est trop intolérable. Elle croit qu'elle va mourir. « Pardonne-moi, maman, si je te fais si mal. »

Les choses n'allaient pas assez rapidement pour les médecins et les infirmières; alors, ils donnèrent à ma mère du Pitocin par intraveineuse afin d'accélérer les contractions. « Pourquoi ne me laissez-vous pas venir au monde à mon propre rythme au lieu de bouleverser la nature qui normalement fait si bien les choses? Je ne suis pas prêt et ma mère non plus. Oui, je comprends : vous êtes fatigués, la nuit est longue et vous avez hâte d'aller vous coucher! » Les muscles autour de la matrice se raidissent et me compressent. Le pitocin fait ralentir le rythme cardiaque. Je n'arrive plus à pomper suffisamment d'oxygène. Je deviens faible. Mon rythme cardiaque reprend, mais cette fois-ci, il bat trop vite. Je sens que mon cœur va éclater. J'ai mal! Il arrête de battre complètement. Il recommence sa course folle, puis ralentit et s'arrête encore. J'espère que je ne deviendrai pas un enfant mort-né… J'entends maintenant ma mère demander à l'infirmière de considérer plus consciencieusement la lecture de mon rythme cardiaque imprimé sur le papier sortant du cardiographe. Elle lui fait croire que c'est la machine qui n'arrive pas à repérer mon rythme cardiaque entre les contractions. Ma mère trouve cela louche. Elle supplie l'infirmière d'arrêter le Pitocin, mais cette dernière accepte seulement de baisser la dose.

Mon père dormait paisiblement par terre. Il se fait réveiller en sursaut. Il ne comprend pas ce qui se passe. La chambre à coucher était devenue une salle d'urgence. Tout le monde courait dans tous les sens en s'écriant : « Le cœur du bébé…on va perdre le bébé! » Mon père, les yeux ronds comme des billes, se tenait debout, appuyé contre la porte avec une main sur la poitrine. Le personnel croyait qu'il allait perdre connaissance.

Je n'arrive pas à respirer

Il arrêtait les infirmières, demandant des explications. J'ai entendu les médecins dire qu'il fallait absolument me sortir de là tout de suite. Que c'était urgent. Chaque seconde comptait. Ils n'avaient même pas le temps de se préparer pour une césarienne. Le col de l'utérus était à peine dilaté à huit centimètres que j'ai senti des pinces de métal m'écraser les tempes. Le médecin encourageait ma mère pour qu'elle donne tout ce qu'elle pouvait, en poussant de toutes ses forces. Elle fait tout ce qu'on lui demande. J'étouffe et je manque d'oxygène. On réussit à m'extraire de peine et de misère, le cordon ombilical tourné trois fois autour de mon cou. Je n'arrive pas à respirer. J'ai le visage bleu. Le passage se déchire dans tous les sens.

J’ai mal à la poitrine et au crâne. J’ai des blessures au visage à cause des forceps. On me donne un masque à oxygène et on me place sous des lampes chauffantes. À trois reprises, j’entends le médecin féliciter ma mère pour ne pas avoir paniqué et gardé son calme pendant qu’on la recousait de quarante-sept points de suture. Je reprends tranquillement des couleurs normales. J’ouvre les yeux. La première chose que je vois c’est le visage de mon père. Il est penché au-dessus de moi. Il me sourit, une larme au coin de l’œil, et me dit chaleureusement : « Bonjour… toi! »

Cela a pris environ une semaine avant que je puisse pleurer, crier et émettre un seul son… chose très inquiétante pour mes parents!

L'ALLAITEMENT :

Pendant neuf jours, blotti contre la chaude et douce poitrine de ma mère, je savoure son lait délicieux. Je suis si gourmand que je lui fais mal et ses mamelons deviennent tout gercés. Jusqu'à la fin du mois, je commence graduellement à m'habituer au biberon avec l'utilisation d'un tire-lait que maman s'amuse à appeler une trayeuse. Puis, tranquillement, elle a mélangé son lait avec du lait maternisé pour ensuite me nourrir qu'avec ce produit.

Je pouvais rendre tout mon repas en un seul rot. Je régurgitais beaucoup et souvent. Parfois, je vomissais en projetant un jet fort, droit devant. Mon père trouvait cela normal, mais ma mère n'était pas de cet avis. Elle m'emmena à l'urgence de l'hôpital où une sténose du pylore fut diagnostiquée. Il s'agit d'un muscle situé au bout de l'estomac : il a la forme d'un petit beigne, et au lieu de laisser le trou ouvert, il se ferme, empêchant ainsi la nourriture de se rendre à l'intestin. Le chirurgien doit donc le sectionner. J'avais seulement trois semaines, et avant l'opération, je n'ai pu ni manger, ni boire durant trente-six heures. Pendant que j'attendais mon tour, je ne faisais que crier et pleurer en tétant une suce dans le vide.

Après l'opération, j'ai continué à vomir, ce qui semblait étrange. C'est souvent assez difficile et long avant d'obtenir un rendez-vous chez notre médecin de famille et les heures d'attente, à l'urgence sont épuisantes. Alors, ma mère a décidé de faire ses propres expériences. Elle a acheté, en petits formats, toutes les sortes de laits maternisés existants sur le marché et me les a fait essayer tout en prenant des notes. Finalement, elle a constaté que je réagissais bien à toutes les marques de lait sans lactose.

Dre Maman conclut donc que je suis intolérant au lactose. Aurais-je été opéré à l'estomac pour rien avec toute la souffrance que cela comporte?

J'étais affamé

J'avais tellement faim! Le lait maternisé n'arrivait plus à me nourrir suffisamment. À quatre moi, on a commencé à me donner de la nourriture solide en petites quantités. Je n'étais pas difficile, car j'aimais goûter à tout. Croyez-le ou non, mais c'est à ce moment précis que j'ai commencé à faire mes nuits. J'étais un bébé facile, heureux, jovial, normal et en santé.

Lorsque j'ai atteint l'âge de douze mois, en suivant les conseils de notre médecin de famille, mes parents ont commencé à me donner du lait de vache en le mélangeant graduellement au lait maternisé jusqu'à ce que le lait de vache le remplace complètement. À ce moment, le médecin croyait, aussi surprenant que cela puisse paraître, que je pouvais tolérer le lactose. Cependant, je souffrais toujours de diarrhées. Mes selles et mes gaz dégageaient de fortes odeurs. C'est ainsi qu'on changea mon surnom de « Petit Galop » pour celui de « Ti-Prutt ». J'avais souvent mal au ventre. J'avais les joues toutes rouges. Plus tard, dans ses recherches, ma mère découvrit que des rougeurs au visage pouvaient être causées par des allergies alimentaires.

UNE PREMIÈRE RÉGRESSION

Vers l'âge de quinze mois, je réussissais à prononcer plus d'une trentaine de mots et ma mère prenait plaisir à les noter sur un papier, collé sur la porte du réfrigérateur. Sans me vanter, je puis dire que j'étais un enfant très brillant : je réussissais à trouver le fonctionnement de mes jouets tout seul!

Un jour, le médecin a enfoncé une aiguille dans mon bras malgré toutes les réticences de ma mère, en l'assurant néanmoins qu'il n'y avait aucun danger. Elle lui disait pourtant que mon cousin était devenu autiste après avoir reçu le ROR, mais cela ne fut pas pris en considération. Il s'était mis à rire en disant qu'aucune étude n'avait été faite prouvant l'existence d'un lien entre l'autisme et la vaccination.

Je ne parle plus

Quelques jours plus tard, j'ai entendu mon père parler au téléphone avec ma grand-mère. Il lui racontait, d'une voix triste et inquiète, que j'étais en train de perdre des mots que je connaissais déjà. Ce qui était inquiétant, c'est que cela avait été aussi le premier symptôme chez mon cousin autiste. Ma mère croit que cette première régression a été engendrée par le vaccin reçu à 18 mois, puisqu'elle en avait déjà entendu parler. J'ai maintenant 19 mois. Je ne parle plus. J'avais commencé à aller sur le petit pot, mais je ne désire plus devenir propre. J'avais commencé à boire au verre à bec et je suis retourné au biberon. J'avais commencé à me tenir debout, mais je me suis remis à marcher sur les genoux. Je crie et pleure sans raison apparente.

« Il n'a pas de contact visuel »

La mère de mon cousin qui a fait ses études en éducation et en psychologie a fait les remarques suivantes à mes parents : « Il n'a pas de contact visuel. Il semble regarder à travers les gens sans les voir. Il n'utilise pas ses jouets d'une manière appropriée. Le niveau de son langage n'est ce qu'il devrait être. » Elle était inquiète, car elle craignait que je sois autiste. Ma tante, qui a un garçon autiste, dirige une école pour autistes. Donc, elle sait de quoi elle parle.

Cependant, les autres membres de la famille ne partageaient pas son point de vue. Ma mère a senti le besoin d'aller prendre une marche seule pour se remettre de ses émotions. À son retour, on lui a appris que le plus âgé de mes oncles n'a pas parlé avant l'âge de trois ans et ma mère s'est souvenue que sa mère biologique n'avait pas dit un seul mot avant l'âge de six ans, au point que les gens dans son entourage croyaient qu'elle était muette. Tous croient que le retard du langage peut être un facteur génétique.

Il est difficile de comprendre pourquoi j'avais commencé à parler et qu'après avoir reçu le vaccin ROR, à 18 mois, j'en étais plus capable. D'après les observations de mes parents, je les regardais dans les yeux et je jouais convenablement avec mes jouets, sauf que j'aimais faire tourner et observer longuement les hélices du ventilateur qui était accroché au plafond, chez mes grands-parents. Ma mère n'aime pas me voir tirer aussi souvent la chaîne de la toilette pour regarder l'eau tourner. Mes parents ne sont pas prêts à admettre la possibilité que je sois autiste. Pour l'instant, ils préfèrent faire l'autruche.

Notre médecin les rassure en disant que je ne suis pas renfermé sur moi-même et que je n'ai pas l'air d'être dans mon propre monde. Il conclut que je ne suis pas autiste. Qui a raison?

LA DEUXIÈME RÉGRESSION

Mes parents m'ont placé dans une garderie deux jours par semaine afin que je puisse jouer avec des enfants de mon âge. Ils espèrent que je pourrai aussi y développer mon langage et ma sociabilité. Je n'y suis pas resté longtemps, puisque je suis tombé gravement malade. Notre médecin nous a dit que les enfants qui fréquentent les garderies sont toujours malades parce que leur système immunitaire n'est pas encore mature, donc inefficace.

Pourquoi nous vaccine-t-on alors? J'ai sans doute hérité du système immunitaire faible de ma mère qui attrape toujours tout ce qui passe. Les garderies sont aussi reconnues comme étant des milieux remplis de microbes.

Si seulement je pouvais parler

J'ai eu si mal aux oreilles que j'en ai eu de la difficulté à manger. J'ai eu de fortes fièvres. Mon nez coulait et mes parents ont pensé qu'il ne s'agissait que d'un mauvais rhume. Je me réveillais la nuit en criant et en pleurant à plusieurs reprises. Ma mère a passé des nuits blanches à me consoler. Si seulement je pouvais parler, je pourrais lui dire que j'ai mal aux oreilles. On m'a donné un médicament pour faire baisser la fièvre, ce qui a diminué en même temps la douleur. Mes parents m'ont amené dans une clinique sans rendez-vous où le médecin de garde a diagnostiqué une otite. Il me prescrit donc un antibiotique, mais je fais une réaction allergique à la pénicilline. Il me prescrit alors une autre sorte de médicament. Je souffrais aussi d'une conjonctivite qui est une infection aux yeux. Étant donné que la salle d'urgence était pleine à craquer, la réceptionniste a conseillé à mon père d'aller consulter un optométriste, situé de l'autre côté de la rue, car il peut lui aussi prescrire des gouttes pour les yeux.

Les deux infections ont résisté aux traitements. Mes parents ont consulté une pédiatre qui a constaté que les deux médicaments que l'on m'avait prescrits n'étaient pas appropriés. Elle était choquée de l'attitude des autres médecins. Elle a expliqué que lorsqu'une conjonctivite accompagne une otite, c'est qu'il y a présence d'une bactérie particulière. Elle rajoute : c'est seulement un antibiotique très spécifique qui peut en venir à bout. J'ai donc pris des médicaments pour rien. En une semaine et demie, me voilà donc aux prises avec une troisième sorte d'antibiotiques; il y avait de quoi déstabiliser un système immunitaire.

Une fois guéri, je suis retourné à la garderie pendant à peine une semaine avant de retomber malade à nouveau. J'avais tellement mal à l'oreille qu'elle en était toute rouge, enflée et complètement décollée du crâne. Après quatre heures et demie d'attente et de souffrance à l'urgence de l'hôpital, on a décidé enfin de m'hospitaliser pour que je reçoive encore d'autres antibiotiques, mais cette fois-ci par intraveineuse, pour réussir à combattre une mastoïdite : il s'agit d'une otite sévère, compliquée et rare, qui n'a pas guéri et dont l'infection s'étend à l'intérieur de l'os du crâne. Mon père ne comprend pas pourquoi que, 24 heures avant mon hospitalisation, le médecin que nous avions consulté à la clinique n'avait même pas vu d'otite.

J'ai subi une intervention chirurgicale pendant laquelle des tubes ont été installés dans les tympans ce qui permettait à l'infection de se résorber. Les médecins sont étonnés par la quantité et la durée de l'écoulement.

Je ne réagis pas très bien au premier traitement d'antibiotiques par intraveineuse, alors j'en ai reçu un autre. Puis, un troisième encore plus puissant pour m'éviter une autre opération où le chirurgien serait obligé d'aller retirer le morceau d'os infecté et pourri derrière l'oreille.

Les veines de mes bras et de mes mains sont si abîmées qu'ils doivent brancher mon soluté dans une veine du front.

… si je restais ici, j'allais attraper tous les microbes

Me voilà maintenant aux prises avec une gastroentérite. On me garde donc trois jours de plus à l'hôpital, dans une chambre, isolé des autres enfants. Je suis faible. Je ne peux pas manger. Je n'ai pas la force de boire. J'ai tellement maigri qu'on peut facilement voir mes vertèbres, les côtes et os du bassin. L'infirmière rassure mes parents en leur disant que mon corps a tout ce dont il a besoin dans le soluté. Par-dessus tout ça, j'attrape aussi une bronchiolite qui est une infection des voies respiratoires. Croyez-le ou non, les médecins ont donné mon congé de l'urgence de l'hôpital en disant à mes parents que si je restais ici, j'allais attraper tous les microbes et maladies, les uns après les autres, que mon système immunitaire était tellement à terre que même les antibiotiques ne suffiraient plus. En d'autres termes : ma vie était en danger et ils n'arriveraient probablement pas à me sauver.

On me renvoie donc à la maison avec une solution médicamenteuse liquide pour prévenir la déshydratation, ainsi que des pompes pour mes poumons en nous souhaitant : « Bonne chance! » La convalescence fut longue et très inquiétante, avec en prime, une contamination de tous les membres de ma famille.

Je ne suis jamais retourné dans cette garderie.

AUGMENTATION DES COMPORTEMENTS PROBLÉMATIQUES

Je suis toujours à la recherche des bras de mes parents pour me réconforter. J'ai de la difficulté à m'endormir. Tous les soirs, je leur fais vivre un vrai cauchemar. Pour résoudre le problème, ils me retirent la sieste de l'après-midi. Je crie et je pleure souvent à chaudes larmes en cachant mon visage dans mes mains. Mes parents essayent de me consoler et de me rassurer du mieux qu'ils peuvent même quand mes crises durent longtemps.

Je m'isole du reste du monde

Je m'isole du reste du monde en me blottissant dans un coin. Quelque chose perturbe mon corps et ma tête. Je ne tiens plus en place. Je bave et je crache par terre. Je ne sais pas ce que les expressions telles que « calme-toi » et « reste tranquille » signifient. J'ai des fixations, car je peux regarder quelque chose pendant longtemps et jouer à un même jeu pendant des heures. J'ai aussi des obsessions. Les portes doivent toujours être fermées et les choses rangées à leur place, même si je ne les range pas en les plaçant en ligne droite. J'ai des comportements répétitifs comme celui de m'assurer que mes chaussettes soient toujours bien tirées. Je dois absolument mettre ma casquette et mes lunettes de soleil avant de monter sur mon tricycle. Ensuite, je les retire lorsque j'en descends, et je répète plusieurs fois la même série de mouvements. Cela semble déranger beaucoup mon grand-père. Il a dit à ma grand-mère, d'une voix désespérée : « Il a des rituels! ». Je fais également plein d'autres gestes répétitifs comme celui d'ouvrir et de fermer continuellement un sac ou une boîte en sortant et en rangeant son contenu à plusieurs reprises. J'ai aussi des routines, puisque je dois faire une série d'actions avant d'aller me coucher.

Je me frappe le front contre le mur. Puis, je me laisse tomber par terre. Je me relève et je recommence plusieurs fois ces gestes avant de décider de m'arrêter. Mon père croit que j'imite des personnages que je vois dans les bandes dessinées à la télévision. Ma mère pense que je suis insensible à la douleur c'est la raison qui explique pourquoi je fais de l'automutilation. Il se peut que j'agisse ainsi parce que mon corps est engourdi : alors, j'ai besoin de me faire mal pour bien me sentir. En réalité, ma souffrance est si grande que je ne fais que changer le mal de place.

Debout, au milieu du salon ou assis dans la baignoire, je tourne sur moi-même comme une toupie en regardant du même côté; les deux yeux complètement virés dans le coin de l'œil. Je me secoue la tête violemment en retournant mes yeux à l'envers dans leur orbite. Assis sur le divan, je me cogne la tête plusieurs fois sur le dossier. Je me frotte les mains à la verticale lorsque je suis frustré. Quand je suis excité, je fais du « flapping », c'est-à-dire que je secoue mes mains comme s'il s'agissait de petites ailes.

Le bruit me dérange et je suis sensible à la lumière. Je me stimule ou me rassure en me balançant d'une jambe à l'autre. Je marche sur le bout des pieds. Debout dans la baignoire, je place souvent mes mains au dessus de ma tête pour regarder les gouttes d'eau tomber du bout de mes doigts. Je lance mes jouets partout. J'aime courir en tournant autour de la table avant de m'asseoir.

Du Ritalin…

Je suis agité et agressif. Notre médecin de famille croit que je suis hyperactif et qu'il devra me prescrire du Ritalin. Mais, pour mes parents, il n'est pas question de me droguer à cet âge. Je me demande ce que le médecin aurait fait à ma place s'il avait été obligé de demeurer tranquillement assis pendant deux heures et demie dans une salle d'attente pleine de patients impatients.

Je prends souvent une position fœtale en me cachant sous les coussins du divan comme si j'essayais de retourner dans le confort utérin. Je fais en sorte d'exercer de la pression sur mon corps en me coinçant entre le dossier du divan et le mur. À quatre pattes, j'appuie mon front sur le plancher. Je veux garder les cheveux de mon toupet constamment mouillés. En fait, j'essaie, par mes propres moyens, de soulager une souffrance physique et mentale qui est toujours présente.

LES LISTES D'ATTENTE INTERMINABLES

Ma mère fait des pieds et des mains pour me trouver des spécialistes. Elle téléphone partout pour prendre des rendez-vous. Les services publics fonctionnent au ralenti. Elle se bat pour me trouver une place afin que je puisse me faire évaluer par un groupe multidisciplinaire, ainsi que pour obtenir des thérapies en orthophonie et en ergothérapie. On lui demande un tas de documents à faire remplir par les professionnels de la santé qui me connaissent bien et il faut courir à gauche et à droite pour les obtenir.

Mes parents savent très bien qu'ils doivent agir le plus rapidement possible, mais je devrais patienter un an ou deux sur les « listes d'attente ». Dans le secteur privé, les coûts sont élevés, mais les listes d'attente sont moins longues. Ma mère ne prend pas de chance et m'inscrit partout.

« Ne vous en faites pas pour l'argent »

J'ai la chance d'avoir de très bons grands-parents paternels qui ont offert d'aider mes parents financièrement. « Continuez de pousser et ne vous en faites pas pour l'argent, disaient-ils ». Je sens qu'on m'aime et qu'on est prêt à tout pour m'aider afin que je puisse bien réussir un jour dans la vie.

RETARD OU TROUBLES DU LANGAGE?

Ma mère se sentait coupable, car quelqu'un lui avait fait le reproche suivant : « Si tu tiens trop souvent ton enfant dans les bras, il ne parlera pas puisque ses sens ne seront pas stimulés par l'exploration de son environnement. » Étant donné que le retard du langage peut aussi être dû au fait que j'avais de la difficulté à bien entendre, surtout à cause des nombreuses otites dont j'ai souffert, mon père m'emmena chez un ORL pour tester la qualité de mon ouïe. C'était assez amusant, parce qu'à chaque fois que je donnais une bonne réponse, il y avait un toutou en peluche qui apparaissait dans une boîte avec une lumière. Heureusement pour moi, mais malheureusement pour mes parents, j'entendais bien des deux oreilles. Ils ont alors commencé à s'inquiéter sérieusement à mon sujet.

Prisonnier d'un corps qui refusait de m'obéir

Un jour, je savais comment nommer ce breuvage blanc : « du lait » et j'étais capable de le dire, mais le lendemain, je ne m'en souvenais plus, ou bien, je n'arrivais pas à le prononcer, comme si mes muscles refusaient de suivre le signal envoyé par mon cerveau. J'étais prisonnier d'un corps qui refusait de m'obéir.

Lorsque je n'arrivais pas à m'exprimer comme je voulais tant pouvoir le faire, cela me mettait tellement en colère. Je vivais beaucoup de frustrations. Je me sentais incompris. Je mettais énormément d'efforts pour me faire comprendre mais je n'y arrivais pas. Alors, je criais et faisait une crise en me jetant par terre. Mes parents qualifiaient ce comportement comme étant

« la danse du bacon », qui fait partie de la phase du « non » associée à la crise de deux ans.

Lorsque l'on m'ignorait intentionnellement, cela me choquait encore plus. Je finissais par me décourager en me disant que cela ne me donnait absolument rien d'essayer de communiquer dans ce monde qui était trop injuste. Mieux valait me renfermer davantage sur moi-même.

On me plaçait en retrait

Occasionnellement, je tentais d'exprimer un malaise par un comportement agressif, car je ne savais pas m'exprimer autrement. On me plaçait en retrait dans mon parc de jeu pour que je réfléchisse et que je me calme, ou jusqu'à ce que je n'aie plus mal.

MA THÉRAPIE CHEZ L'ORTHOPHONISTE

En moins de trois mois, j'ai une place chez une orthophoniste privée. Je la rencontrais une fois par semaine. Mes parents doivent la payer 80 $ l'heure. Son bureau est très petit et je suis distrait par tout ce qui s'y trouve. Elle essaye de me faire parler en jouant à des jeux. Je deviens agressif car je ne suis pas capable de communiquer autrement. Lorsque l'on me reprend, je deviens encore plus violent. Je me sens mal. Je me roule par terre et j'essaye de sortir de son bureau pour retourner chez moi, mais mon père ou ma mère se tient debout contre la poignée de la porte ce qui m'empêche de sortir. Cela me frustre davantage.

J'aimerais tant pouvoir parler. J'essaye de toutes mes forces. La pression de l'orthophoniste m'entraîne à me replier davantage sur moi-même, car je n'y arrive pas et je me décourage. Tout s'embrouille dans ma tête. Mes muscles ne répondent pas à mes commandes comme si j'étais trahi par mon propre corps. C'est très enrageant. Vous ne pouvez pas savoir comment.

J'avais trouvé une manière de communiquer!

Elle essaye de me montrer le langage des signes. Cependant, elle ne recommande pas l'usage des images pour ne pas que je régresse puisque j'ai déjà commencé à dire de nouveaux mots et que je n'ai pas besoin de support visuel pour comprendre, bien que le contraire ait été proposé par un autre spécialiste. Pourtant, cela m'aurait été très utile puisque je suis visuel. Une fois, j'ai montré l'image d'un biscuit à ma mère en pointant du doigt ma bouche grande ouverte… et elle a compris que j'en voulais un puisqu'elle m'en a donné un. J'avais trouvé une manière de communiquer! Plus tard, à la maison, nous avons essayé les images séquentielles qui divisent les différentes activités de la journée pour que je puisse me préparer mentalement à la prochaine étape, jusqu'à ce qu'on se rende compte que je n'avais pas besoin de tout ça pour bien comprendre.

J'ai de la difficulté à me concentrer. Je peux tout aussi bien passer rapidement d'un jeu à l'autre ou jouer pendant longtemps avec le même jeu. J'aime ouvrir et fermer constamment une fermeture éclair ou le couvercle d'un pot.

Elle me trouve très persévérant et débrouillard, parce qu'à chaque fois qu'elle essaye de me faire dire : « Aide-moi! », je la surprends, en finissant toujours par trouver par moi-même la manière dont le jeu fonctionne.

Elle croit que j'ai un retard ou des troubles du langage, mais pour l'instant, elle ne veut pas émettre l'hypothèse d'un diagnostic de dysphasie parce que je suis encore trop jeune. Avec le temps et beaucoup de travail, bien des choses peuvent changer.

Je ne présente pas de difficulté au niveau de la réception des messages ni au niveau du décodage, puisque je comprends bien ce qu'on me dit et je suis capable de faire ce qu'on me demande. Je n'arrive tout simplement pas à m'exprimer verbalement autrement qu'en criant ou en faisant des crises.

Entre-temps, ma mère va suivre des cours destinés aux parents sur les trucs utiles à connaître portant sur la stimulation du langage de leur enfant. Elle essaye de mettre en pratiques ces apprentissages, mais elle abandonne voyant qu'à court terme, il n'y a pas de progrès.

Elle fait subtilement allusion à la possibilité que je sois autiste
L'orthophoniste décourage mes parents lorsqu'elle fait subtilement allusion à la possibilité que je sois autiste. Lors de la rencontre suivante, elle affirme qu'elle ne comprend pas pourquoi j'arrive à faire des choses que normalement les enfants atteints de troubles envahissants du développement n'arrivent pas à faire. Elle souligne quand même le fait que j'ai de grandes forces et de belles qualités sur lesquelles il faut se concentrer.

Est-ce que mes symptômes seraient intermittents?

Lorsqu'on lui annonce que je vais bientôt me faire évaluer, elle conseille à mes parents de ne pas s'en faire avec le résultat du diagnostic, mais qu'ils doivent s'attendre à ce que le diagnostic d'autisme soit confirmé. Elle tente de les rassurer en leur disant qu'il arrive parfois que le diagnostic tombe après plusieurs années, mais cela contribue à les ébranler encore plus. Bien qu'ils soient bouleversés, ils refusent de se faire à cette idée.

AVEC L'ERGOTHÉRAPEUTE

En quelques semaines, ma mère a obtenu un rendez-vous avec une ergothérapeute qui faisait des interventions à domicile. Par la suite, celles-ci se dérouleront à son bureau.

Un réflexe de survie

Elle a touché ma langue à différents endroits afin de vérifier la sensibilité de mes papilles gustatives. Elle comprit alors la raison pour laquelle je faisais des caprices avec la nourriture. Il m'arrive de m'étouffer avec la nourriture. Parfois, je n'arrive pas à avaler, et je recrache le contenu sur la table. Ma mère arrivait difficilement à avaler quand elle était jeune. Elle devait se reprendre plusieurs fois avec la même bouchée. L'ergothérapeute a expliqué à mes parents qu'il s'agit d'un réflexe de survie. Ayant eu de mauvaises expériences avec un aliment en particulier, mon cerveau aurait enregistré certaines textures et saveurs comme étant dangereuses, quasi mortelles, pour moi.

Elle a testé aussi la sensibilité de mes mains en les touchant avec une brosse à dents et a découvert que j'ai des défenses sensorielles. C'est cette hypersensibilité qui fait en sorte que je ne peux pas supporter d'avoir les mains sales. Ma mère aussi a des sensibilités sensorielles. Elle ne tolère pas les étiquettes des vêtements ni les cheveux dans le visage, ni les chandails à col roulé, ni les manches qui touchent le poignet. L'ergothérapeute croit que mes défenses sensorielles peuvent avoir été causées par une naissance difficile. J'essaye de me protéger d'un monde que je trouve agressant.

Pourquoi je ne me suis pas développé normalement

L'ergothérapeute a montré à ma mère une série d'exercices physiques à faire tous les soirs. Il s'agit de la méthode « Pedoven ». Je dois faire ces exercices parce que j'aurais « sauté » des étapes d'un développement normal. Je dois donc repasser ces étapes. Je n'ai jamais rampé sur le sol ni marché à quatre pattes. Avant de réussir à me lever, je me déplaçais en marchant sur les genoux. Cela expliquerait pourquoi je ne me suis pas développé normalement. Je n'ai commencé à marcher qu'à l'âge de 19 mois. « Le retard de la marche entraîne du même coup un retard au niveau du développement du langage, explique-t-elle, car les deux zones se situeraient au même endroit dans le cerveau. » Elle parle alors de dysphasie, qui est un trouble sévère du langage, et ma mère se met à pleurer comme s'il s'agissait de la fin du monde. Elle m'a donné un petit instrument de musique à vent pour que je développe mon souffle.

Pour retrouver mon calme plus rapidement quand je fais une crise

Tous les soirs, ma mère me brosse les bras, les doigts, les mains, les jambes et le dos en suivant la technique du « brushing » qui consiste à stimuler mes signaux nerveux avec une brosse aux poils de plastique doux. Cela m'aide aussi à retrouver mon calme plus rapidement quand je fais une crise. Dans le but de stimuler les cellules de mon cerveau ainsi que le contact visuel, elle me fait suivre une sorte de luminothérapie qui consiste à diriger la lueur d'une lampe de poche dans chaque œil, pendant quelques secondes.

Mes parents m'ont acheté deux brosses électriques. La première servira à désensibiliser différentes zones dans ma bouche et l'autre à stimuler le passage des messages nerveux et sensoriels aux articulations par la vibration, avec comme accompagnement un craquement des jointures des doigts et orteils, en tirant légèrement dessus. Le tout en me chantant des berceuses… Après quelques mois, je commence à ne plus vouloir collaborer à ces exercices. Je résiste puis refuse de les exécuter. Je suis peut-être prêt à passer à une autre étape.

Lors d'une séance, l'ergothérapeute fait remarquer à ma mère que j'ai les pieds plats et que des semelles orthopédiques (prothèses plantaires) pourraient résoudre mon problème d'équilibre ainsi que mes troubles de coordination des muscles de mes jambes.

LES CAPRICES ALIMENTAIRES

« Beurk! »

Elle dit que je devrais manger surtout de la viande, à cause de mon groupe sanguin. C'est la chose que je déteste le plus. Aucune tentative de camouflage n'a fonctionné sauf à l'intérieur de la sauce à spaghetti. Je réussis à détecter les micros particules de viande cachées en les mélangeant avec autre chose. Imaginez... on a déjà essayé de me faire boire un lait fouetté aux fraises et au jambon... « Beurk! » Instinctivement, je savais ce qui était bon ou mauvais pour moi.

Je suis un enfant difficile. Cependant, j'adore les céréales, les pâtes alimentaires, le pain, les biscuits, les gâteaux, le lait, le fromage, le yogourt et la crème glacée. Je refuse de manger quoi que ce soit d'autre. Quelques fois, je mange en pleurant.

« Manger égale souffrir »

Il m'arrive souvent de refuser mon mets préféré. Je lance mon assiette violemment contre le mur ou je la jette par terre après en avoir renversé le contenu sur la table ou sur la chaise. Ensuite, je m'enfuis en courant, en criant et en pleurant. Au lieu de me punir, mes parents décident de passer l'éponge. Ils ne m'ont jamais forcé à manger, ni même fait des menaces ou du chantage avec le dessert. Un jour, ils comprendront que j'essayais de leur dire que la nourriture me faisait souffrir. J'ai toujours la diarrhée. J'ai mal au ventre. J'ai des brûlures d'estomac et j'ai des reflux gastriques. Je me concentre sur ma douleur au point de me renfermer sur moi-même. Elle est omniprésente. J'aurais toujours des caprices alimentaires d'après l'ergothérapeute, car mon cerveau a enregistré : « manger égale souffrir », et qui sera difficile à déprogrammer.

Une pédiatre conseille à mes parents de ne rien me donner à manger jusqu'au prochain repas et de me servir exactement la même chose jusqu'à ce que je le mange. C'est une manière drastique et draconienne que mes parents ne sont pas capables de mettre en pratique. Cela ne fait pas partie de leurs valeurs profondes.

Ave la diététicienne

Inquiets, mes parents décident d'avoir recours aux conseils d'une diététicienne. Je suis faible et fatigué. De plus, j'ai le teint blanc comme un drap avec des cernes noirs en dessous des yeux. Je suis sur le point de faire de l'anémie. Puisque je ne mange pas beaucoup, j'ai souvent faim au point d'en oublier la sensation, l'acceptant comme étant quelque chose qui fait partie de moi et qui est toujours là. La nutritionniste conseille à mes parents de me donner des vitamines et des minéraux en tant que suppléments alimentaires et d'ajouter de la crème à 15 % dans mon lait pour en augmenter les calories. Elle croit que cela va m'aider à reprendre du poids et des couleurs tout en nourrissant les cellules de mon cerveau grâce à ces soi-disant bons gras. Elle leur explique que le fer peut améliorer les capacités cérébrales au niveau de la concentration.

La vitaminothérapie a donné de bons résultats. Mon orthophoniste remarque d'ailleurs une première progression. C'est suivi, malheureusement d'une régression marquée.

Mes parents sont découragés

Mon grand-père croit que mon seul problème, c'est un manque de discipline.

Mes parents ne savent plus quelle méthode utiliser pour que j'obéisse. Je suis rigide et têtu. J'ai tendance à faire le contraire de ce qu'on me demande. Il n'est pas question d'avoir recours aux corrections corporelles comme celles utilisées dans le temps pour briser mon soi-disant mauvais caractère. Dieu merci! Ma mère se dit que la discipline ne sert à rien surtout avec un enfant qui semble avoir un grave handicap. Elle lâche prise en se disant que cela n'est pas ma faute, même si elle entend des gens dire autour d'elle que j'ai besoin d'être encadré et structuré. Mes parents sont découragés. Ils ne savent plus comment s'y prendre avec moi. Ils ont peur de me faire plus de mal que de bien.

Les conseils d'une travailleuse sociale

Ma mère a préféré avoir recours aux conseils d'une travailleuse sociale. Mise à part l'ignorance intentionnelle, la mise à l'écart, ainsi que la fermeté et la constance, elle ne leur a pas appris grand-chose. Au bout de son rouleau, ma mère va suivre un cours sur la discipline pour les parents, mais elle n'y est pas demeurée longtemps puisque les animatrices ne faisaient que lire leurs feuilles et ne pouvaient pas répondre correctement aux questions.

C'est bien beau les conseils des autres, mais ma mère s'est rendue compte qu'elle était la personne la mieux placée pour savoir ce qui convient le mieux à son enfant.

UN PREMIER DIAGNOSTIC

Mes parents ont conclu qu'il n'y avait pas de temps à perdre pour que je puisse recevoir les services auxquels j'avais droit. Grâce à Internet, mon père a trouvé un hôpital psychiatrique pour enfants. À cet endroit, les listes d'attente sont de moins de trois mois en comparaison avec d'autres endroits où il faut attendre entre un et deux ans avant d'être évalué. Avoir un diagnostic le plus tôt possible est important, afin que je puisse recevoir une stimulation précoce.

Mes parents se sont présentés à la première évaluation qui a eu lieu dans une petite salle où sont rangés quelques jouets. Il ne s'agit pas d'une équipe multidisciplinaire comme c'est le cas ailleurs. Il n'y a qu'un psychiatre et une éducatrice spécialisée. Si les spécialistes ne trouvent rien d'anormal chez moi, je n'aurai pas besoin de passer d'autres tests ni d'aller à l'étape suivante.

Frustré, j'ai fait une crise

L'éducatrice spécialisée a tenté de me faire souffler des bulles de savon. Je n'y arrivais pas, et pourtant, j'étais capable de le faire d'habitude. J'essayai de nouveau, mais ça ne fonctionna pas. Alors, frustré, j'ai fait une crise. Vers la fin de l'activité, l'éducatrice s'est rendue compte... qu'il n'y avait plus de savon liquide ni sur le bâtonnet ni dans la petite bouteille! Néanmoins, elle a noté que je secoue la tête en regardant au plafond, que je n'ai pas de contact visuel et que je ne comprends que si ce qui m'est demandé est accompagné d'un signe de la main.

On note que je suis intéressé par le téléphone, mon jouet fétiche, ce qui est considéré comme étant de l'obsession; que je m'intéresse beaucoup à cet homme (psychiatre pour enfant) que j'interpelle souvent en disant : « Monsieur! », parce qu'il ne me répond jamais. Cela est considéré comme étant une fixation. Puisque je suis dans la période de la crise de deux ans, on considère que c'est normal que je dise souvent : « Non! ». On l'attribue à une forme de rigidité.

Un premier diagnostic de troubles envahissants du développement non spécifiés

Ils en arrivent donc à un premier diagnostic de troubles envahissants du développement non spécifiques. Ils m'inscrivent donc pour passer des tests plus complets qui auront lieu six semaines plus tard.

Ce test, nommé ADOS, est basé sur le contact et les interactions sociales, ainsi que sur le langage et la communication. Mon père m'accompagne, puisque la présence d'un seul parent est requise et autorisée. Cette fois-ci, c'est une psychologue qui fait mon évaluation. Nous sommes dans une grande salle de jeux. Il y a une grande vitre, car la séance est filmée. Je fais tout ce que l'on me demande et mon père est très fier de moi. La psychologue dit que cela s'est bien passé et nous retournons confiants à la maison.

Les prières

Tous les soirs, ma mère fait ses prières. Je sais qu'elle a une pensée et une demande spéciale pour moi. Depuis qu'elle est toute petite, elle croit fortement en Dieu, qui, jusqu'à présent, a exaucé presque toutes ses prières. Elle souhaite que je ne sois pas autiste. Si c'est le cas, elle demande d'avoir la force suffisante et nécessaire pour passer à travers. Elle voudrait être assez confiante pour pouvoir me donner tout ce dont j'aurai besoin.

L'annonce du diagnostic, qui aura lieu quelques semaines plus tard, la préoccupe beaucoup. En me voyant agir, elle voit bien qu'il y a quelque chose chez moi qui ne va pas du tout.

Les produits laitiers et la caséine

Un soir, en rentrant de son travail, mon père raconte à ma mère une histoire qu'un collègue lui a racontée. Celui-ci lui a dit : « Nos deux fils autistes ne faisaient que chuchoter ou murmurer. Quand nous avons retiré les produits laitiers de leur alimentation, ils se sont mis à parler plus fort et on comprenait mieux ce qu'ils disaient. » Ce collègue lui avait remis un document que mon père a tendu à ma mère. Elle s'est empressée de le lire immédiatement.

Ma mère y a appris que certaines molécules protéiniques telles que la caséine et le gluten peuvent avoir l'effet d'un opiacé sur le cerveau. Elles peuvent traverser la membrane intestinale si celle-ci est abîmée et voyager dans le sang jusqu'au cerveau où elles peuvent provoquer des désordres neurologiques. Cela explique pourquoi je suis attiré par les aliments qui en contiennent, car il s'agit d'une drogue pour moi.
Pour en savoir plus, mon père se procure un ordinateur et apprend à ma mère comment s'en servir. Elle découvre des choses fascinantes et bouleversantes à ce sujet en faisant des recherches dans « Google ».

Pour ma part, j'espère qu'on ne me retirera pas mes aliments préférés. Mes parents décident de tenter l'expérience même si mon père semble inquiet car il a peur que mon système manque de calcium.

Pour la première fois, on comprend ce que j'essaie de dire

A l'intérieur des 48 heures qui ont suivi, je suis passé de mots comme : « dodo ou pipi » à de petites phrases presque complètes dans le genre de : « Maman, papa parti travailler auto » ou encore : « Maman, papa dodo en haut ». Je me suis mis à parler plus clairement et à moins chercher mes mots. Pour la première fois, on comprenait ce que j'essayais de dire. C'est formidable!

Je prononce mieux aussi. Ma mère prend un malin plaisir à noter tous mes nouveaux mots et phrases et s'en réjouit, n'en croyant pas ses oreilles. Après avoir parlé au téléphone avec mon père, il a dit à ma mère, d'une voix très émue : « Pour la première fois, j'ai l'impression d'avoir eu une vraie conversation avec mon fils. »

Le même phénomène se reproduit

Malgré tout, mon père demeure sceptique. Il croit que j'ai enfin débloqué grâce aux thérapies de l'orthophoniste. Avec l'accord de ma mère qui est réticente, mes parents décident de me redonner des produits laitiers. Dès le lendemain, je me remets à bafouiller un jargon incompréhensible. Pour s'assurer que cela n'est pas juste une coïncidence, ils refont l'expérience une troisième fois. Le même phénomène se reproduit.

Depuis que je ne consomme plus de produits laitiers, j'ai un meilleur contact visuel, je n'ai plus mal au ventre ni de diarrhées. Mes selles sont redevenues normales et ne dégagent plus d'odeurs fortes.

Pour m'accompagner, ma mère décide aussi de couper les produits laitiers de son alimentation afin que je ne sois pas le seul à suivre cette diète. Elle se souvient avoir déjà eu des problèmes avec le lactose. Ses crampes intestinales sont disparues et ses selles sont plus consistantes. Elle dit que son cerveau est plus allumé et qu'elle a plus d'énergie. Ma petite sœur a aussi des problèmes avec le lait. Elle est toujours constipée. Elle crie, pleure et l'évacuation entraîne des saignements. Elle fut réellement soulagée quand ma mère a retiré le lait de vache de son alimentation. Ses selles se sont ramollies. Elle souffre moins et est de meilleure humeur. Mon père se rend maintenant compte qu'il a des brûlures d'estomac à chaque fois qu'il en consomme.

La partie du cerveau responsable du développement du langage

En faisant des recherches sur Internet, ma mère a découvert que la caséine s'attaquerait plus spécifiquement à la partie du cerveau responsable du développement du langage. Il n'est donc plus question pour moi d'en prendre. Je bois donc du lait de soya et mes yogourts sont remplacés par des poudings ou de la crème glacée au soya. La liste des vitamines et minéraux rajoutés dans ces produits rassure mon père.

Des légendes urbaines

Lorsque ma mère a parlé de cette expérience à la nutritionniste, celle-ci lui a répondu : « Les histoires autour de la caséine et du gluten ne sont que des légendes urbaines. »

Mes parents ont besoin d'en avoir la certitude. Ma tante conseille à mon père de faire affaire avec « The Great Plains Laboratory ». Il trouve leurs coordonnées sur Internet. Ce laboratoire effectue des analyses urinaires pour détecter la présence de peptides de caséine et de gluten. Une chance que l'Internet existe, car ce genre de test n'est pas disponible au Canada. Il commande donc une trousse de prise d'échantillons. Pour ce faire, je ne dois pas consommer de soya 9 jours avant ma prise d'urine, car les peptides du soya ressemblent trop à ceux de la caséine et peuvent fausser les résultats.

Un matin, on me fait uriner dans un petit sac de plastique que ma mère emballe minutieusement avec de la glace qu'elle place dans une petite boîte qu'un camion de messagerie express vient chercher.

LA NATUROPATHE

Ma mère avait entendu parler des vertus de l'homéopathie. Elle était prête à tout essayer pour m'aider et elle m'a emmené consulter une naturopathe. Celle-ci a prélevé une goutte de mon sang qu'elle a examiné à l'aide d'un microscope géant. Sur l'écran, on a constaté une carence en fer identifiable par la forme de mes globules. On a également détecté de petites particules brillantes, des bactéries provenant de mes intestins. La naturopathe a expliqué à ma mère que leur présence n'était pas normale et que mes intestins devaient être très endommagés et même poreux. Elle a dit que mon colon est aussi rouge que l'encre de sa plume. Elle a ajouté que ce sont les vaccins qui l'ont rendu comme ça. D'après elle, il y a toujours du mercure dans les vaccins même si les professionnels de la santé veulent nous faire croire le contraire.

Elle a conseillé à ma mère de me faire suivre également une diète sans gluten, le plus tôt possible. Elle nous a vendu des produits naturels destinés à éliminer les résidus des vaccins, ainsi que d'autres, pour nourrir mon système immunitaire : des bactéries utiles pour reconstruire la flore intestinale, sans oublier des gouttes d'huile oméga pour nourrir le cerveau. Ensuite, elle m'a fait suivre une cure de trois mois avec des capsules homéopathiques pour nourrir l'ADN de mes cellules qui avaient été endommagées par le manque d'oxygène à la naissance, ainsi que des vitamines et minéraux naturels sans produits chimiques tels que des additifs, des saveurs ou des colorants artificiels, ni ingrédients cachés, et surtout sans gluten ni caséine. Les capsules sont si grosses que ma mère doit les écraser pour les mélanger à mon lait de soya ou à mon jus de fruit avec tous les autres produits qui ne goûtent pas très bons et que je dois prendre tous les matins. Elle ajoute aussi un produit pour réparer ma muqueuse intestinale ainsi que des suppléments de protéines de riz pour remplacer la viande que je n'aime pas. Tout cela afin que je puisse me développer normalement. Ma mère trouve de la poudre de protéines de graines de lin et de chanvre qui sont riches en huile oméga, et elle en ajoute dans les pains et gâteaux qu'elle cuisine sans gluten ni caséine, afin d'enrichir leurs valeurs nutritives. Ma mère a souvent entendu parler des bienfaits ancestraux concernant l'huile d'olive, alors elle s'en sert souvent pour cuisiner.

Peu après le début des traitements, on a remarqué une nette amélioration de ma condition générale. Ma mère croit que des intestins en santé entraînent moins de désordres neurologiques. Il y a même un impact au niveau de mon système immunitaire, puisque lorsque j'attrape un rhume, il dure beaucoup moins longtemps. Ma mère apprendra plus tard que ce sont les intestins qui nourrissent le cerveau. S'ils sont en bon état, ils réussissent mieux à absorber les éléments nutritifs essentiels pour le bon fonctionnement de tous les organes du corps.

Une diète sans gluten ni caséine

Ma mère n'a pas attendu les résultats du test pour entreprendre la diète sans gluten, par crainte de me faire souffrir pour rien.

Mon père avait lu que certains enfants autistes sont intolérants au gluten et à la caséine. C'est la raison pour laquelle il semble si bouleversé. Il vient de recevoir les résultats de mon analyse d'urine qui démontre effectivement un taux très élevé de ces deux peptides. Mon père a peur de faire de la peine à ma mère en lui apprenant la nouvelle. Elle en a été soulagée car cela confirmait ses doutes. Elle est rassurée et convaincue que la diète sans gluten ni caséine est l'une des meilleures options pour moi. Elle ne croit pas que ce type d'allergie n'arrive qu'aux enfants autistes, puisqu'en suivant la même diète que moi, elle en ressent tous les bienfaits. Elle est certaine d'être sur la bonne voie.

Malheureusement pour moi qui aime tant le pain, les pâtisseries, et les céréales faites avec des farines contenant du gluten, je dois maintenant considérer cela comme étant chose du passé. Malgré mes caprices alimentaires qui existent déjà, je dois m'habituer à de nouveaux goûts et à de nouvelles textures. Ce ne fut pas facile, mais j'ai assez bien réussi à m'adapter à ce changement radical sans montrer trop d'oppositions.

Mes symptômes autistiques on diminué de 50 %

Ces produits se vendent seulement dans des boutiques spécialisées et mes parents doivent parcourir de longues distances pour s'en procurer. De plus, cette nourriture est très onéreuse mais cela en vaut la peine. Depuis que je ne consomme plus de gluten, je souffre moins et je me sens mieux dans ma peau. Je suis beaucoup plus calme. Mes crises sont beaucoup moins intenses et fréquentes. Je pleure et je crie moins souvent. Je suis moins agressif et je ne suis plus violent. Mes symptômes autistiques ont diminué de 50 %. J'ai cessé les rituels et corrigé mes comportements stéréotypés.

Ma mère s'est alors posé une question toute simple : si l'alimentation a un impact sur l'hyperactivité, pourquoi vouloir à tout prix prescrire du Ritalin aux enfants?

J'ai entendu ma mère raconter à ma grand-mère au téléphone que je n'étais plus du tout le même enfant, que j'étais devenu si calme qu'elle ne me reconnaissait plus. Elle ajouta : « L'autisme, c'est des allergies alimentaires! », mais à l'autre bout de la ligne, ma grand-mère semblait incrédule.

Un accident révélateur

Alors que depuis plusieurs semaines certains symptômes autistiques étaient disparus complètement, j'ai glissé en jouant sur le plancher mouillé. L'arrière de ma tête a heurté le sol très fort. Lorsque je me suis relevé, je me suis remis à tourner sur moi-même comme une toupie en plaçant mes deux yeux complètement du même côté.

Ma mère a alors compris que ce qui provoquait ce phénomène neurologique était un coup reçu de l'extérieur, donc un impact dû à mon environnement. Elle conclut alors que ce qui se passait dans mon environnement immédiat était le déclencheur.

LE DIAGNOSTIC : JE SUIS « AUTISTE... »

Le grand jour arrive! Mes grands-parents vont venir nous garder, ma sœur et moi, car mes parents doivent se rendre à un rendez-vous important. Ils semblent inquiets et nerveux. Mon père se prépare mentalement au pire tout en gardant espoir. Ma mère ne veut tout simplement pas entendre parler d'autisme.

J'ai fait des progrès depuis que je suis à la diète sans gluten ni caséine. L'apport des suppléments alimentaires et des bactéries utiles à mes intestins en sont aussi responsables. Il faut noter que l'évaluation a eu lieu bien avant que j'aie entrepris tous ces changements.
J'entendais ma mère dire : « Il a quelque chose, c'est évident, mais on ne sait pas quoi. » Ma grand-mère lui répondait : « Il y a des choses dans la vie qui ne sont vraiment pas justes! ». S'attendait-elle à avoir un deuxième petit-fils autiste? Mes grands-parents sont venus de loin pour soutenir mes parents moralement. Ils ont eux aussi hâte de savoir de quoi il retourne. Avant de partir, ma grand-mère leur a conseillé d'écouter attentivement les remarques et les conseils des spécialistes. Je sais que ma mère va être stressée tout au long de la route et que mon père devra tenter de la calmer.

« Je suis « autiste... »
Il paraît, car j'en ai entendu parler par la suite, que lors de l'annonce du diagnostic, l'expression, sur le visage de mon père, a changé complètement. Les mains de ma mère sont devenues moites et se sont mises à trembler. Elle a fondu en larmes. Elle

n'a jamais vu mon père être dans un tel état de découragement. On aurait dit que tout son univers s'était écroulé. Ce n'est pas ce qu'ils auraient souhaité entendre. Ma mère avait le goût de se laisser tomber par terre tellement ses jambes sont devenues molles. Les intervenants avaient l'air de ne pas bien comprendre leur réaction, comme si, pour eux, la nouvelle était facile à prendre. Ils étaient trois pour leur annoncer le diagnostic : le pédopsychiatre, l'éducatrice spécialisée et la psychologue. Eh oui! Je suis « autiste ». J'ai souffre de troubles du développements de la coordination. Sur l'échelle des résultats, ça prenait le chiffre 12 pour être diagnostiqué autiste, et mon pointage final a été de... 16.

À la maison, le téléphone sonne, et mon père raconte alors à ses parents que ce n'est pas ce qu'ils auraient voulu entendre, ni plus, ni moins.

Lorsqu'ils sont rentrés à la maison, ma mère ressemblait à un miroir brisé en mille morceaux. Je sens qu'elle avait hâte de me revoir pour me prendre dans ses bras et me serrer très fort. Elle s'est mise à pleurer à chaudes larmes malgré tous ses efforts pour se retenir. Croyant qu'il s'agissait d'un jeu, je tentai de l'imiter. Craignant que je devienne bouleversé à mon tour, elle courut pleurer à l'extérieur. Mon père tenta de la suivre mais elle avait besoin d'être seule. On aurait cru que c'était la fin du monde.

Ils seront toujours là pour nous aider

Pour l'instant, mon père tente de rester fort en ne montrant pas ses vraies émotions. Plus tard, il va se cacher pour pleurer. Mes grands-parents s'attendaient à cette nouvelle. Ils essayent de ne pas nous montrer leurs émotions, mais soudain, ils ressentent le besoin d'aller marcher. Ils disent qu'ils seront toujours là pour nous aider.

Mes parents doivent dire adieu à leur rêve de l'enfant normal. Ils doivent oublier les projets de voyages qu'ils voulaient faire en famille. Dorénavant, ils devront amasser des sous pour les nombreuses thérapies que je devrai suivre. Ma mère qui voulait m'envoyer dans une école primaire privée réalise maintenant que je devrai fréquenter une classe spéciale. Ils ne comprennent pourtant pas pourquoi je joue avec les autres enfants dans les salles d'attente et que je ressens de l'empathie lorsque quelqu'un pleure.

Ma mère prend les choses en main

Ma mère pourrait très bien se laisser aller au désespoir. Cependant, elle sait que j'ai grandement besoin d'elle. Dès le lendemain, elle décide de se retrousser les manches. Elle monte un dossier dans lequel est décrit chacune des démarches qu'elle effectue. Elle fait plusieurs appels pour obtenir de l'aide et des services. Là où j'étais déjà sur des listes d'attente, on ne veut plus de moi, parce que je porte dorénavant l'étiquette d'enfant autiste. Le diagnostic ne fait pas accélérer les choses. Ils me dirigent tous vers un seul et unique centre d'aide et de services pour enfants autistes où mes parents et moi devons attendre encore plusieurs mois ou années avant qu'une place se libère.

Diagnostiqué autiste, ils ne veulent plus s'occuper de moi

Pour ne pas perdre de temps, mon père réussit à me faire évaluer en ergothérapie dans un hôpital. Après l'examen, ils disent que je suis capable de faire tout ce dont un enfant de mon âge peut faire. On lui annonce qu'il est possible de travailler sur les défenses sensorielles, les caprices alimentaires, ainsi que sur la coordination. Cependant, lorsqu'ils apprennent que j'ai été diagnostiqué autiste, ils ne veulent plus s'occuper de moi. Nous étions sur le point d'avoir une place en orthophonie avec des services gratuits en clinique, mais la même chose se produit. Je suis autiste, donc je n'ai pas le droit de recevoir certains services auxquels je devrais avoir droit.

Ma mère envoie plusieurs documents afin d'obtenir de l'aide financière de certains organismes ainsi qu'auprès du gouvernement. Elle doit courir après la signature des médecins. Mes parents ont le droit à du répit et à un remboursement pour les nombreux déplacements de mes futurs rendez-vous. Je devrais aussi avoir droit à des couches gratuites. Pour le remboursement des frais de kilométrage, nous sommes encore placés sur une liste d'attente.

Mes parents décident que ma mère ne retournera plus travailler à temps plein. Cela n'aide pas le budget familial avec toutes les nouvelles dépenses qui s'annoncent. Elle doit s'occuper de moi et de ma sœur jusqu'à ce que nous ayons l'âge d'aller à l'école. Elle souhaite pouvoir faire de la suppléance occasionnelle et de la figuration lorsque mon père sera à la maison. Je suis devenu son principal emploi du temps. C'est elle qui gère mon dossier. Elle a beaucoup de recherches et de prises de notes à effectuer.

Ils m'ont accepté tel que je suis

J'ai eu peur que mes parents ne m'aiment plus ou qu'ils m'aiment moins. Mais, bien au contraire, on dirait même qu'ils m'aiment encore plus. Ils savent que j'ai besoin d'eux, et je sais qu'ils seront toujours là à mes côtés en espérant peut-être qu'un jour je devienne assez indépendant et autonome pour pouvoir me débrouiller tout seul. Ils m'ont accepté tel que je suis.

DE FAUX ESPOIRS ?

Après l'annonce du diagnostic, le pédopsychiatre a dit à mes parents : « Il est encore jeune. Avec le temps et une bonne thérapie, les choses peuvent changer. » Cela était loin de les rassurer. La psychologue a ajouté : « Il est atteint d'un strabisme qui pourrait être la cause de son manque de contact visuel. » Donc, faire vérifier ma vision pourrait améliorer ma communication et mes interactions sociales!?

Une lueur d'espoir pointe à l'horizon

On m'envoie alors consulter une ophtalmologiste et une opticienne qui ne remarquent rien d'anormal, malgré les photos qui montrent bien que je louche de l'œil gauche. Mon problème visuel n'est pas toujours présent et il n'était pas là au moment où nous avons consulté. Mes parents sont déçus car ils croyaient qu'une petite opération aurait pu arranger bien des choses.

L'optométriste a semblé surprise des mots que j'ai utilisés en décrivant les images que je voyais au loin. Elle dit que d'habitude, c'est beaucoup plus difficile avec un enfant de mon âge. Une lueur d'espoir pointe à l'horizon.

« Votre fils n'est pas autiste »

Un jour, on s'est rendu dans un magasin spécialisé dans les aliments sans gluten pour y refaire nos provisions.

Dans la boutique, un homme a accueilli ma mère pendant que je dormais paisiblement dans l'auto, en compagnie de mon père qui veillait sur moi. Tout d'un coup, ma mère est sortie de la boutique, perturbée. L'homme, Rony Nizard, qui est à la fois le cuisinier et le propriétaire de l'endroit, demandait à me voir absolument. Il insista pour qu'on me réveille et qu'on m'emmène à l'intérieur. Il m'observa et déclara : « Votre fils n'est pas autiste. Il est TED, et à une fraction seulement. C'est le vaccin de 18 mois qui l'a rendu comme ça. Je vais vous le prouver en lui donnant un biscuit. S'il le sent ou le lèche, c'est qu'il est autiste, mais s'il le met dans sa bouche et le mange, il ne l'est pas. Votre fils est très intelligent et il va être premier de classe. » C'était un petit biscuit blanc et rond avec une cerise au milieu. Ma mère a essayé de me le faire sentir ou lécher, mais je n'ai pas voulu. Je l'ai pris dans ma main pour jouer un peu avec et j'en ai pris une bouchée. Ma mère n'en croyait pas ses yeux.

Selon Rony Nizard, je serais guéri en un mois si ma mère suivait attentivement ses recommandations. Il lui a tendu une feuille de papier ainsi qu'un crayon. Elle a écrit tout ce qu'il lui disait. Il lui dicta tous les aliments que je ne pourrai plus manger pour le reste de ma vie : toutes les sortes de choux, dont les choux de Bruxelles, choux-fleurs, et brocolis - tous les fruits tropicaux et exotiques dont les agrumes, ananas, kiwis, bananes, mangues - les œufs - les radis et navets - toutes les sortes de noix, noisettes, amandes, arachides…- le bœuf, le veau, le porc, les viandes sauvages ainsi que le saumon d'élevage - le gluten et la caséine (que je ne consomme déjà plus) - les raisins, les pommes et leur jus sauf les pommes Gala et Délicieuses - le vinaigre - les bonbons, gommes, chocolat, caramel - fruits secs. Il nous conseille d'acheter surtout des produits biologiques et d'éviter les colorants et saveurs naturelles et artificielles ainsi que les agents de conservation, les additifs et tous les autres produits chimiques. Il a dit qu'il y a du gluten et de la caséine cachés presque dans tout et que les listes d'ingrédients ne révèlent pas toujours leur présence. Même s'il ne s'agit que de traces, il faudra donc être très vigilant. Dommage, car j'aime beaucoup le beurre d'arachides, mais on peut le remplacer par du beurre de soya. Le goût est presque identique.

Il déclara avoir déjà guéri 1126 enfants de l'autisme. Ma mère lui demanda d'une manière embarrassée : « Mais… avec quoi peut-on le nourrir ? ».

Rony Nizard regarda ma mère et lui dit qu'elle devrait aussi se nourrir exactement comme moi. Il ajouta : « Vous êtes cœliaque, son problème intestinal étant génétique lui a été transmis par vos gènes. »

« Après tout, on n'a rien à perdre à essayer »

Mes parents avaient bien hâte de sortir de là, car ils commençaient à se sentir agressés et intimidés par cet homme. Dans l'auto, ils se sont demandés qui pouvait bien être ce personnage! Ils se retenaient pour ne pas éclater de rire devant la porte de sa boutique. Mais, perplexes, ils se sont dit : « Au cas où il aurait raison!...On ne sait jamais! » Ils se sont regardés avec des yeux remplis d'amour pour moi: « On n'a rien à perdre à essayer. » Ce que mes parents ignoraient alors, c'est que le propriétaire de cette boutique que nous venions de rencontrer était aussi un docteur en science des aliments et un spécialiste de l'après guerre chimique, rien de moins. Cette rencontre sera déterminante pour la suite des choses.

Un rêve assez traumatisant

La veille de la rencontre avec Rony Nizard, ma mère avait raconté à mon père un rêve assez traumatisant où elle me voyait debout dans une bassine à embaumement. J'avais les bras tendus vers elle et je criais : « Maman, aide-moi! », pendant qu'on m'injectait un poison mortel par intraveineuse. On essayait de m'enterrer vivant. Il n'était pas question qu'elle me regarde ainsi mourir. Elle a compris qu'elle était la seule personne qui pouvait m'aider. Il fallait agir rapidement avant qu'il ne soit trop tard.

Après plusieurs mois de recherches et de réflexion, ma mère s'est rendue compte que ces tubes qui m'empoisonnaient dans son rêve représentaient en fait les vaccins et les antibiotiques. Elle a découvert que certains virus, utilisés dans la fabrication des vaccins, ont été atténués dans du formaldéhyde. Comment pouvait-elle savoir une chose pareille au moment du rêve?

La nuit suivant la journée où nous avons rencontré Rony Nizard, ma mère a raconté avoir rêvé qu'elle participait à un concours. Pour arriver à gagner la voiture luxueuse, il fallait choisir une clef et l'insérer dans la prise de contact. Elle choisit la clef la plus petite et la plus fragile. Elle l'inséra dans la serrure et réussit à faire démarrer le moteur.

Ma mère a changé les ingrédients de la sauce à spaghetti en remplaçant la viande hachée de bœuf par de la viande hachée de volaille et elle a retiré le brocoli qu'elle y cachait soigneusement. Ce n'est que plus tard qu'elle a découvert qu'il fallait aussi retirer la pâte à tomates qui avait été épaissie avec de la farine, même si cela n'était pas indiqué dans la liste des ingrédients. Il en était de même pour les épices dont on ajoutait de la farine pour en augmenter le volume et pour éviter qu'elles ne collent ensemble.

« Il me regarde… est plus jasant… »

Quelques jours après les grands changements alimentaires, mon père m'a amené chez l'orthophoniste. À la fin de la session, elle lui a demandé d'un air enjoué : « Qu'est-ce que vous lui avez donné à manger ce matin pour qu'il soit comme ça ? Il me regarde, il est plus jasant et fait de belles demandes, il collabore bien et n'a fait aucune crise. » Mon père lui a indiqué toutes les choses qu'on avait retirées de mon alimentation. Elle avait déjà entendu parler des protéines bovines responsables du comportement agressif de certaines personnes. Ma mère était bien contente de savoir que les choses s'amélioraient.

« Il n'a plus de déficit d'attention »

Le lendemain, je me suis rendu avec ma mère chez l'ergothérapeute qui est tout émerveillée de me voir aller. Elle m'observe attentivement pendant que je joue dans une salle de stimulation avec la glissoire, la balançoire suspendue et un ballon. Elle énumère à ma mère les points suivants : « Il n'a plus de déficit d'attention, ne présente plus de déficience intellectuelle, n'a plus de troubles de coordination ni problèmes de motricité, et n'a plus de perte d'équilibre. Son cerveau gère bien maintenant toutes les informations provenant de ses cinq sens. Il est intéressé par des échanges et des interactions sociales. »

Avant de nous recevoir, l'ergothérapeute était inquiète, et pour cause. Elle n'avait pas hâte de me revoir, parce que la dernière fois, cela c'était mal passé. Je mangeais un sac de biscuits en pleurant à chaudes larmes, en criant et en me tordant de douleur. Je tenais le sac serré comme si j'avais peur que quelqu'un me le vole. Elle avoua qu'elle ne savait plus comment s'y prendre avec moi.

« Je n'ai jamais vu ça de ma vie, ni de toute ma carrière! »
Elle nous a entraînés dans une autre salle nommée Snoezeland où il y avait des interrupteurs et différentes zones sombres dans un environnement de jeux de lumière et de projections, avec des lampes aquatiques de couleurs contenant des bulles d'air. J'étais curieux, fasciné et je m'amusai. J'étais intéressé par les actions et réactions comme le fait d'être capable de retrouver le bon bouton qui fait fonctionner tel jeu en particulier et j'étais bien fier de moi. L'ergothérapeute, médusée, déclara : « Je ne le reconnais pas... si tu me dis que c'est un autre enfant ou son frère jumeau que tu m'as emmené, je te croirai. Ce n'est pas William. Ce que je vois devant moi, c'est un enfant normal de trois ans avec peut-être cinq mois de retard qu'il va rattraper facilement parce qu'il est très intelligent. » Ma mère lui demande : « Est-ce que je suis en train de rêver ou de devenir folle? » Elle lui répond : « Non... TON FILS EST GUÉRI...IL N'EST PLUS AUTISTE!... Je n'ai jamais vu ça de ma vie ni de toute ma carrière! » Elle n'en revenait pas. Elle est demeurée silencieuse. Elle n'était plus capable de ressentir une seule émotion : ni joie ni

peine. Elle ne comprenait pas ce qui s'était passé. Elle croyait être complètement déconnectée de la réalité comme si elle avait été témoin d'un miracle.

Puis elles sont demeurées une heure à jaser ensemble pendant que je m'amusais. L'ergothérapeute déclara : « Il y a une sorte d'autisme qui est relié à l'alimentation, il faudrait que les médecins arrêtent de mettre tous les enfants dans le même panier. » Ma mère lui mentionna que la diète sans gluten et sans caséine donne de meilleurs résultats si elle est accompagnée du retrait de tous les autres aliments à haut potentiel allergène.

Pour revenir à la maison, ma mère ne devait pas conduire trop vite et rester concentrée sur la route. Elle avait tellement hâte de raconter tout ça à mon père. Lorsqu'il nous a vus, il était très inquiet de l'attitude de ma mère. Elle ressemblait à quelqu'un qui venait de rencontrer un fantôme. Quand elle lui a raconté ce qui était arrivé, mon père a cru un moment qu'elle était devenue complètement folle. Il préférait ne pas y croire de peur de se faire des illusions mais l'enthousiasme de ma mère était si grand qu'une lueur d'espoir fit scintiller ses yeux.

En fait, 80 % des symptômes autistiques ont disparu. Je n'ai plus de fixations, ni d'obsessions, ni de gestes stéréotypés, ni de rituels. Je ne me frappe plus le front contre le mur. Je ne me mouille plus les cheveux du toupet.

« Mais… il est normal cet enfant-là! »

Au cours de la même semaine, nous sommes retournés voir la pédiatre à la clinique d'alimentation d'un hôpital pour enfants : elle aussi était médusée. Elle s'exclama : « Autant de changements en si peu de temps. » Puis, elle ajouta : « Mais… il est normal cet enfant-là! » C'est elle qui avait déjà découragé ma mère en lui disant que je devrais fréquenter une école spécialisée. C'est elle qui ne croyait pas dans les tests qu'on avait faits aux États-Unis et qui avait dit à mes parents qu'ils pouvaient continuer de me donner du gluten et de la caséine sans danger. Si mes parents avaient suivi les conseils de ce médecin, je serai encore malade et souffrant. Quand mes parents lui ont raconté toute l'aventure diététique qu'ils m'ont fait vivre, elle écouta attentivement pour une fois et conclut : « Il y a des allergies alimentaires qui irritent le système et empêche l'organisme de se développer normalement ou en retarde son développement. » Elle me prescrit des prises de sang pour tenter de détecter les autres allergies alimentaires et de confirmer celles déjà présentes. Elle fit une demande spéciale à l'hôpital psychiatrique pour enfants afin qu'on me fasse passer une deuxième évaluation dans les plus brefs délais même si elle doutait de la crédibilité de leurs tests. Elle mentionna que je ne me sentais tout simplement pas bien dans ma peau et que je devais souffrir beaucoup.

LA PSYCHOÉDUCATRICE ET LES ÉDUCATRICES SPÉCIALISÉES

Lors de l'annonce du diagnostic, suivant les conseils des intervenants de l'hôpital psychiatrique pour enfants, ma mère m'avait fait passer une évaluation dans une clinique privée d'intervention comportementale (béhavioriste) pour les enfants autistes ou ayant des troubles envahissants du développement. C'est un centre qui prône les méthodes de rééducation TEACH et ABA. J'ai très bien agi en général et j'ai réussi à faire presque tout ce qui m'a été demandé.

Ce test a eu lieu avant que ne surviennent les derniers grands changements dans mon alimentation. Ma mère croit que si on me refaisait passer cet examen, le pointage serait encore plus élevé car je me suis tellement amélioré entre cette évaluation et l'annonce des résultats.

Lors de la rencontre, la psychoéducatrice expliqua le résultat du test à ma mère. En considérant seulement toutes mes réussites, c'est-à-dire, tout ce que j'ai été capable de faire seul et facilement, je me retrouverais parmi les cas frontières qui se situent entre la déficience légère et ce qu'on appelle : être normal. Donc, je n'ai pas de déficience intellectuelle. Mais, si on considère toutes mes réussites et tout ce qui est en émergence, c'est-à-dire, tout ce que je suis presque capable de faire sans aide ni indices, on me qualifierait : AU-DESSUS de la normale. Serais-je un petit Einstein?

Dès l'annonce du premier diagnostic, on a conseillé à mes parents de me donner quelques heures de stimulation précoce par semaine avec des éducatrices spécialisées qui viennent à domicile. Je passais deux après-midi par semaine à jouer avec une demoiselle qui avait plutôt l'air de me faire travailler.

Au début, lorsque je consommais encore tous les aliments auxquels j'étais allergique, je trouvais les séances très pénibles, difficiles et traumatisantes. Je ne pouvais pas demeurer assis plus d'une minute. Je me cachais sous la table et les chaises. Je ne comprenais pas ce qu'on s'attendait de moi. Je refusais de travailler et je faisais des crises. Cela se comprend : j'étais souffrant. Parfois, l'éducatrice devait recourir à la force pour me stabiliser. Je lançais mes choses par terre et on me forçait à les ramasser. Je n'arrivais pas à faire ce qu'on me demandait. Mes parents ont changé plusieurs fois d'employés. Il y a même eu une éducatrice qui ne voulait plus s'occuper de moi quand elle a su que je suivais une diète sans gluten ni caséine, car elle y était opposée.

Par la suite, mon intérêt et ma concentration se sont développés. Je suis aussi devenu beaucoup plus coopératif. Grâce à mon nouveau régime alimentaire, je souffre moins. Je suis capable de rester assis à table et demeurer attentif pendant des heures. J'apprends facilement et rapidement. Je mets beaucoup d'efforts pour rattraper le temps perdu car je veux m'en sortir et réussir. Je suis un combattant.

Une autre garderie

Entre-temps, mes parents m'avaient trouvé une autre garderie : un centre de la petite enfance. Je l'ai fréquenté trois jours par semaine en me faisant superviser par une éducatrice spécialisée, présente à mes côtés pour m'aider dans mes tâches et mes interactions sociales.

J'ai été chanceux que cette garderie ait accepté de m'intégrer. Les dirigeantes n'ont pas eu peur que je sois trop dérangeant pour les autres enfants et elles sentaient qu'elles avaient l'entière collaboration de mes parents. J'avais enfin la chance de jouer avec des enfants de mon âge. Quand j'étais à l'extérieur, j'aimais leur courir après. Je pouvais aussi participer à des ateliers éducatifs, mais j'ai surtout eu besoin de stimulation afin de rattraper le temps perdu. Alors, pendant que les autres faisaient leur sieste l'après-midi, moi, je travaillais. Tout le personnel a été mis au courant de mes allergies alimentaires. Les éducatrices y ont porté une attention particulière.

UNE INTOXICATION

Je voulais manger comme les autres

Malheureusement, je ne pouvais pas manger comme les autres. Je devais donc apporter ma boîte à lunch et je me sentais très différent des autres enfants. Cela a semblé préoccuper mes amis jusqu'à ce qu'on leur explique que j'avais de nombreuses allergies alimentaires, même si je ne comprenais pas toujours pourquoi je ne pouvais pas manger la même chose qu'eux. C'était difficile pour moi de les voir manger quelque chose dont j'étais privé. Un soir, mon père a été bouleversé d'apprendre que j'avais pleuré à la garderie et que j'avais refusé mon lunch parce que je voulais du macaroni au fromage, comme les autres. Alors, il n'a pas pu dormir une partie de la nuit et s'est réveillé avec cette idée de génie : il a inventé une sauce au fromage sans fromage, mais qui a le même goût, la même texture et la même odeur. Il a mélangé de la margarine avec du jus de carottes, du sel, de la fécule de maïs et du lait de riz. Merci papa!

Puisqu'on était à l'automne, mon éducatrice eut l'idée de faire une activité sur le thème des pommes. Elle a demandé à ma mère si je pouvais toucher aux pommes. Elle lui a répondu : « Il n'y a pas de problème, pourvu qu'elles soient déjà pelées ou bien lavées. » C'était dans le but d'éviter que je sois en contact avec des résidus de pesticides. Alors, nous avons fait des tartes aux pommes et j'ai aidé à rouler la pâte et à la mettre dans des assiettes. Donc, j'ai touché à la farine et j'ai sans doute respiré des particules en suspension. Mais je n'en ai pas mangé car mon éducatrice était toujours là à mes côtés pour me surveiller.

Tous mes symptômes autistiques sont réapparus
Durant l'après-midi, mon éducatrice a constaté que je me suis mis à me comporter d'une manière étrange. En effet, mon attitude est devenue bizarre et je n'étais plus du tout intéressé à ce qui se passait autour de moi. De retour à la maison, mon père s'est étonné que l'on m'ait laissé jouer avec de la farine de blé : on ne laisserait jamais un enfant faire un bricolage avec des arachides s'il en est allergique. Moi, je suis allergique au gluten. Tous mes symptômes autistiques sont réapparus mais d'une manière beaucoup plus intense. Je me suis d'abord mis à crier et à pleurer sans raison apparente. Je me cachais sous les coussins du divan. Je me suis remis à tourner sur moi-même comme une toupie et à secouer ma tête avec les yeux révulsés. J'ai eu à nouveau des fixations : cette fois-ci, c'était sur mes souliers. Je marchais tout croche. J'avais un genou qui ne voulais plus plier et je perdais l'équilibre : je me cognais sur les meubles et les murs et je tombais partout. J'ai eu des hallucinations terrifiantes, je pointais du doigt un mur blanc en hurlant de peur. J'étais terrifié. Je ne voulais pas prendre mon bain, alors que d'habitude, j'adorais ça. Mes parents ont observé que j'avais l'allure d'une personne complètement ivre ou droguée et que j'agissais tel.

Je me suis renfermé sur moi-même, incapable de communiquer. Je regardais à travers mes parents, sans les voir. L'expression de mon regard était creuse et sombre. En bref, je n'étais plus là; j'étais complètement débranché de la réalité. Ce soir-là, mes parents ont eu beaucoup de difficulté à m'endormir.

Intoxiqué par le gluten
Ma tante a expliqué à mon père qu'il se peut que j'aie été intoxiqué par la farine de blé (gluten) en faisant la tarte. J'en aurais respiré et des particules auraient pu pénétrer dans mon organisme par

les muqueuses de mes yeux ou par les pores de ma peau (comme l'effet des timbres médicamenteux que l'on utilise pour arrêter de fumer, placés directement sur la peau). Cinq jours ont été nécessaires avant que tout soit complètement éliminé de mon système et que je retrouve mon comportement habituel.

Ma mère a fait un grand ménage dans toute la maison et surtout dans la cuisine. Il fallait éliminer toute trace de gluten. Plus aucune nourriture contenant du gluten n'a depuis lors franchi le seuil de la porte de notre maison. Notre voisine a donc reçu plusieurs sacs de nourriture gratuitement. Maintenant, c'est toute la famille qui est au régime. Il n'y a pas de chance à prendre. Ma mère a même remplacé certains appareils comme le grille-pain.

Plus aucun doute

Mon père a réussi à me trouver de la pâte à modeler sans gluten qu'il a fait venir des États-Unis, puisqu'on ne trouve pas ce produit au Canada.

Il a affirmé que s'il lui restait le moindre petit doute au sujet du rôle de l'alimentation dans l'apparition des symptômes autistiques, il n'en avait plus aucun maintenant. Mon père est allé jusqu'à dire que le gluten n'est pas juste une source d'allergie grave pour moi, mais qu'il s'agit d'un véritable poison!

LA ZOOTHÉRAPIE

Ma mère avait entendu parler des bienfaits de la compagnie des animaux domestiques afin de faire sortir les enfants autistes de leur bulle et de les aider à développer leurs interactions sociales. Mes parents étaient prêts à tout essayer afin de m'aider à bien évoluer.

J'aime bien les chiens

Au tout début, lorsque j'avais été diagnostiqué, une gentille dame venait me rendre visite à la maison avec son gros chien, d'abord une fois par semaine, puis toutes les deux semaines et ce pendant deux à trois mois seulement. Cette grosse bête venait anéantir mon environnement. J'étais à la fois intimidé et fasciné. Parfois, ce chien essayait d'entrer en contact avec moi. À d'autres moments, c'est moi qui allais vers lui. Je pouvais même le nourrir et lui donner à boire. Son poil était si doux. Au début, je trouvais ça dégoûtant lorsqu'il me léchait les mains, sans doute à cause de mes défenses sensorielles. Plus tard, lorsque j'ai commencé la diète, cela ne me dérangeait plus et je trouvais ça amusant.

Entre-temps, la dame avait remarqué que mon comportement avait beaucoup changé et évolué rapidement. Malheureusement, nous avons dû écourter les rencontres. Ma mère a annulé les autres rendez-vous car l'animal vivait sur une ferme et était donc en contact avec de la moulée et de la paille pouvant contenir du gluten. Le flatter aurait peut-être été dangereux pour moi. Dommage, car j'aime bien les chiens, mais je sais qu'un jour, j'en aurai un.

LE DEUXIÈME DIAGNOSTIC

Cinq mois après le premier diagnostic, je suis allé subir un autre test à la demande spéciale de notre pédiatre qui était convaincue, elle aussi, que je n'étais plus autiste et que j'agissais maintenant comme un enfant de mon âge. Mes parents gardaient espoir, car au premier examen, je me nourrissais encore de gluten et de caséine. Depuis ce premier examen, j'ai beaucoup changé et j'ai fait bien du progrès. Entre-temps, on avait éliminé les saveurs et colorants artificiels et nous essayons de manger le plus possible des fruits et des légumes biologiques.

Pendant l'évaluation, mon père a trouvé que je n'avais pas été aussi jasant que je le suis d'habitude et il savait que cela serait pris en considération. Mais, mes parents étaient moins anxieux que lors de l'examen précédent. Ma mère disait qu'elle pouvait vivre avec un diagnostic de TED. Mon père voulait tout simplement voir les spécialistes reconnaître les progrès que j'avais accomplis.

La séance avait bien commencé puisque les intervenants étaient plus nombreux que la fois précédente. Ils posèrent beaucoup de questions à mes parents, sur tout ce qu'ils avaient fait pour m'aider, et plus spécifiquement concernant les changements apportés à mon alimentation. Ils écoutèrent les explications de mes parents attentivement. La question des pesticides a été mentionnée de la part du psychiatre, surtout ceux qui sont utilisés sur les agrumes.

Il y avait de fortes chances que je m'en sorte complètement

Ils étaient d'accord pour affirmer que j'avais fait d'énormes progrès en très peu de temps et que je ne faisais plus partie de la catégorie des autistes. « Donc, il n'est que TED, s'exclame ma mère!? » Je me situe juste sur la ligne : Cela prenait le chiffre 12 dans le résultat pour être considéré comme étant autiste et ça prenait le chiffre 7 pour être diagnostiqué TED. Mon pointage final était de 8. La dernière fois, j'avais eu 16. En passant, TED signifie que je présente encore des symptômes autistiques, mais ils sont insuffisants pour que je sois considéré comme autiste. Tout ça pour un signe d'excitation de ma part qui a été interprété comme étant un « flapping » des mains. Mais les spécialistes ont dit à mes parents que si je continuais à m'améliorer, il y avait de fortes chances que je m'en sorte complètement avant la rentrée scolaire, dans deux ans.

Donc, à l'intérieur d'un période de 5 mois, je suis passé d'un diagnostic d'autiste avec troubles de coordination à celui de TED NS ou troubles envahissants du développement non spécifiés. Voilà une bien grosse étiquette pour un si petit bonhomme!

J'ai entendu ma mère promettre à mon père qu'elle allait me guérir complètement en me faisant sortir de la catégorie : TED NS. Elle communiquait régulièrement par courrier électronique et par téléphone avec une autre maman qui a aussi un enfant autiste, pour échanger des informations. Un jour, cette personne la contacte pour lui annoncer que son fils, qui a la diarrhée depuis deux ans, avait maintenant des selles plus normales parce qu'elle avait retiré le soya de son alimentation. Lorsqu'elle lui en a redonné, il avait été très malade. Quand on a la diarrhée, c'est parce que notre corps essaye de se débarrasser le plus rapidement possible de quelque chose qui lui est nuisible. Ma mère avait appris que tout part des intestins. Elle était prête à tenter une nouvelle expérience.

Le soya

Depuis longtemps, je buvais du lait de soya et mes selles étaient passées de l'état liquide, lorsque je prenais des produits laitiers, à plus crémeuses comme du glaçage à gâteau. J'étais donc toujours beurré, ce qui rendait les séances de nettoyage difficiles. Ma mère avait remarqué que ma sœur et moi demandions à boire du lait de soya de plus en plus souvent, au point de croire que cela était devenu une drogue pour nous, puisque nous mangeons moins. De plus, ma sœur semblait être toujours fatiguée. Ma mère se souvient que, lors du test d'urine, je ne devais pas consommer de soya pendant neuf jours avant les prélèvements, car les peptides ressemblent trop à ceux du lait et que ça pouvait fausser les résultats. Elle croit qu'il y a beaucoup plus dans le soya qu'une ressemblance avec une autre molécule protéinique.

Pour annoncer à mon père que le temps était venu de me retirer un autre aliment, elle retira les boîtes de lait de soya et les remplaça par du lait de riz. Mon père était très inquiet puisque je consommais beaucoup d'aliments qui contiennent du soya. Il était angoissé et découragé. Il se tenait la tête dans les deux mains et dit en pleurant : « Mais, avec quoi vais-je nourrir mes enfants ? »

Croyez-le ou non, j'ai fait pour la première fois de ma vie, la plus jolie des crottes qui soient : bien dodue, bien ferme et surtout pas salissante. Je me suis mis à manger de plus grosses quantités de nourriture et aussi plus rapidement. Je pouvais demander jusqu'à trois assiettes de spaghetti. Je me sentais mieux. Mes malaises digestifs et intestinaux avaient disparus définitivement. Je suis devenu plus allumé. Je me suis mis à parler en faisant de longues phrases. Mais surtout, j'ai réussi à mieux prononcer mes mots, et donc, à me faire comprendre plus facilement.

« Nous ne l'avons jamais vu être aussi joyeux! »
À la garderie, les éducatrices ont remarqué que j'étais plus attentif et concentré. Elles ont même dit : « Nous ne l'avons jamais vu aussi joyeux! » Je pouvais m'amuser davantage avec les autres. Je maintenais un contact visuel tellement présent que ma mère s'en est sentie mal à l'aise car je pouvais la regarder longtemps dans les yeux. Je suis maintenant capable de dialoguer et d'avoir de petites conversations. Et, pour le plaisir de tous, croyez-le ou non, je suis devenu continent, presque du jour au lendemain, autant le jour que la nuit. C'est comme si j'ai accès à une nouvelle partie dans mon cerveau : celle qui contrôle les muscles de ma vessie.

Notre orthophoniste était surprise que je réussisse maintenant à prononcer les premières lettres ou syllabes de mots avec lesquels j'avais encore de la difficulté la semaine précédente. Notre éducatrice a même remarqué la disparition totale de mes derniers rituels. Elle a dit à mes parents que j'avais beaucoup trop d'imagination pour faire encore partie de la catégorie des TED. Notre pédiatre a aussi remarqué un très grand changement depuis notre dernière visite. Elle n'en revenait tout simplement pas de constater à quel point j'étais devenu calme et souriant. Elle n'était pas du tout d'accord avec le deuxième diagnostic et a demandé à ce que je sois de nouveau évalué. « Il faut que la prochaine évaluation ait lieue avant qu'il commence l'école, ont dit mes parents. Nous savons qu'il n'est même plus TED et nous n'avons pas besoin qu'on nous le confirme. Qu'on le laisse tranquille maintenant. Notre fils n'a pas besoin de porter une étiquette; ce n'est pas un produit que l'on place sur les tablettes. »

LA CHÉLATION

Après avoir découvert, suite à des analyses d'échantillons de cheveux, que j'ai été intoxiqué avec des métaux lourds, ma mère m'a fait suivre une chélation qui est une cure de désintoxication avec des produits naturels. C'est comme si je me réveillais d'un cauchemar. J'ai eu une poussée de croissance, comme si quelque chose m'en empêchait auparavant.

Depuis, je me développe normalement. J'ai aussi débloqué sur le plan intellectuel.

DEUXIÈME PARTIE

POURQUOI A-T-IL ÉTÉ DIAGNOSTIQUÉ AUTISTE

Ce qui semble s'être produit dans le cas de William

LES FACTEURS GÉNÉTIQUES ET HÉRÉDITAIRES

Il faut prendre en considération que l'autisme est une maladie multifactorielle, car ses causes sont nombreuses et elles s'influencent mutuellement. Bien que chaque enfant soit différent, certains morceaux de puzzle doivent être réunis pour que l'émergence des symptômes survienne.

J'ai découvert à l'âge de 40 ans que je suis cœliaque. C'est une chose que j'ignorais. Je m'en suis rendue compte en suivant la même diète que mon fils pour l'accompagner.

Lorsque j'étais toute petite, je souffrais souvent de crise de foie. J'avais constamment des coliques, des ballonnements et des gaz. Je souffrais fréquemment de maux de ventre, au point que j'avais de la difficulté à me concentrer à l'école. Je n'avais pas toujours le goût de jouer avec les autres enfants pendant les récréations. J'étais une personne solitaire et renfermée sur elle-même. J'avais aussi régulièrement mal aux oreilles. J'avais couramment des ulcères buccaux, j'étais toujours fatiguée et faisais souvent des indigestions. Mes selles étaient plus souvent liquides que normales. Aucun médecin n'a pu trouver la cause de mes diarrhées fréquentes et personne ne s'est jamais penché sur la possibilité d'allergies alimentaires.

À l'adolescence, je ne me sentais pas très bien dans ma peau. Je vivais avec un malaise physique et mental. Je n'avais pas beaucoup d'amis. À l'âge adulte, j'ai été diagnostiquée comme étant une personne dépressive. Personne n'a cherché à savoir d'où provenait mon malaise. À la place, on m'a bourré de médicaments qui ne faisaient que masquer les symptômes. Ces médicaments coûteux, que j'ai pris pendant plus de onze ans, ne se sont jamais attaqués à la source du problème. Ils étaient à la fois inutiles et dangereux puisque je devais passer des tests de sang régulièrement pour m'assurer que le deuxième médicament, pour contrer les effets secondaires indésirables du premier, ne fasse pas de tort à mon foie.

Une autre personne aux États-Unis a été diagnostiquée pendant plus de dix ans comme étant une personne dépressive, jusqu'à ce qu'un médecin compétent se rende compte qu'elle était cœliaque. Savez-vous quel effet cela fait de réaliser que l'on a pris des médicaments inutilement pendant aussi longtemps?

Combien de gens prennent des antidépresseurs alors que le problème ne se situe pas nécessairement au cerveau? Tous ces produits chimiques doivent sans doute laisser des séquelles dans l'organisme.

Le syndrome d'Asperger

En faisant des recherches, j'ai découvert que je réponds personnellement à certains critères qui sont caractéristiques du syndrome d'Asperger. J'ai toujours eu de la difficulté au niveau de mes interactions sociales. Je ne sais pas comment m'y prendre pour rentrer en communication ou en relation avec les autres. Je suis demeurée longtemps à l'université, car j'avais besoin d'évoluer dans un environnement structuré. J'ai de la difficulté à comprendre la subtilité des blagues : on doit me les expliquer.

Pour en savoir davantage, j'ai répondu à un questionnaire en quatre parties, disponible sur Internet et qui nous aide à déterminer si, en tant que parent, on a des traits autistes. Or, je réponds à

75 % des critères qui qualifient le syndrome d'Asperger. Par exemple, dans une conversation téléphonique je ne sais pas vraiment quand c'est à mon tour de parler. Je préfère demeurer seule à la maison que de sortir avec des amis. C'est difficile pour moi de me mettre à la place des autres, car je peux facilement insulter quelqu'un en voulant faire une farce. J'ai un problème de décodage, j'ai une mauvaise perception de ce qui arrive, ce qui fait que j'ai du mal à interpréter certains événements. Par exemple, je peux paniquer dans une situation où il n'y a aucun danger, et demeurer calme lorsqu'il y en a. Combien d'adultes sont autistes et l'ignorent?

J'ai moi-même un problème avec le gluten et la caséine. Est-ce la cause de mes difficultés en société?

Lorsque j'ai arrêté de consommer des produits laitiers, mes crampes abdominales aiguës ont disparues. Mes selles sont devenues normales. Mon ventre a désenflé. Mon cerveau est devenu plus allumé. Je pouvais même distinguer les couleurs et les détails des choses autour de moi avec une clarté jamais vue. C'est comme si je voyais auparavant à travers un voile embrouillé. Comme d'autres personnes autistes ou ayant un penchant vers l'autisme, j'ai senti moi aussi « *le brouillard se lever* ».

De plus, je suis moins déprimée et je n'ai donc plus besoin de médicaments. Auparavant, j'avais des obsessions, des fixations et des tics nerveux semblables à ceux qu'avait mon fils, mais cela aussi a complètement disparu. Je me sens si bien physiquement et mentalement qu'il me faut m'adapter aux sensations positives. C'est comme si j'avais changé de peau; je ne suis plus la même personne. J'ai plus d'énergie et d'entrain. Je me sens moins fatiguée et je suis plus motivée. J'étais une personne qui avait besoin de dix à douze heures de sommeil par jour. Aujourd'hui, six à huit heures par nuit me suffisent amplement.

Un sevrage qui a été très difficile

Je suis moins attirée vers les aliments sucrés. J'étais une très grande mangeuse de produits laitiers, de pain et de pâtisserie. Lorsque j'ai cessé de consommer du gluten, le sevrage a été très difficile. J'ai été nerveuse, de mauvaise humeur, irritable, agressive et impatiente pendant au moins cinq jours; le temps que cela sorte complètement de mon système. J'avais les bras recouverts de petits boutons blancs. Un phénomène sûrement dû à la désintoxication. J'ouvrais la porte du garde-manger et du réfrigérateur, souvent, à la recherche de ma « drogue ». Lorsque, quelques semaines plus tard, mon mari et moi avions décidé de nous payer une dernière grosse pizza, toute garnie, les jours qui ont suivi ont été très pénibles pour moi et ma famille, car je n'étais plus moi-même. Mes crampes abdominales étaient si violentes que j'en avais le souffle coupé. J'avais des sueurs froides. Je devais me tenir pliée en deux contre le mur pour ne pas m'écrouler par terre. J'avais la diarrhée. Des périodes d'agressivité apparaissaient après chaque ingestion de bœuf. Maintenant, je comprends mieux les signes que m'envoyait mon corps pendant toutes ces années.

En suivant la même diète que mon fils c'est-à-dire sans gluten ni caséine, accompagnée du retrait de tous les autres aliments à potentiel allergène élevé j'ai perdu, tenez-vous bien, pas loin de 20 kilos en deux mois seulement, et ce, je dirais même sans aucun effort. Des rougeurs au visage ont disparu et ma peau est devenue belle, presque une peau de bébé. Partis aussi les cernes noirs sous les yeux.

J'avais commencé à souffrir d'insuffisance rénale. Après avoir suivi et maintenu cette diète, je n'urine plus qu'une fois par nuit. Avant, j'attrapais des grippes et des rhumes les uns à la suite des autres. Depuis que je suis cette diète, mon système immunitaire s'est renforci et je suis en bien meilleure santé. Le gluten, la caséine et les autres allergies alimentaires pourraient donc provoquer un renfermement sur soi et causer des retards menant à des maladies physiques et mentales.

Chercher la provenance de l'autisme

Lorsqu'il y a un enfant autiste dans la famille, il faut en chercher la cause. Ce n'est pas dans le but de trouver un coupable, car c'est souvent toute la famille qu'il faut soigner. Dans bien des cas, l'un des deux parents a des problèmes avec sa digestion ou ses intestins, telle que la maladie cœliaque. Le gluten ne provoque pas toujours des réactions fortes à ceux qui en consomment et présentent une intolérance cachée, mais les dommages peuvent avoir des conséquences à long terme. Notre fille ne semble pas avoir de problème apparent pour l'instant avec le gluten, mais son système immunitaire est si peu performant que je ne prendrais pas la chance d'abîmer ses intestins, surtout si je considère les facteurs héréditaires.

J'ai passé un test pour détecter mes allergies alimentaires qui sont semblables à celles de mes enfants. En plus d'être allergique aux produits laitiers, à certaines céréales ainsi qu'à certains fruits et légumes, sans oublier les noisettes et les pistaches, j'ai été surprise de constater que mes allergies les plus graves (situées dans le code rouge) sont au niveau des levures à pain et à bière. Pour approfondir ce test, j'ai consulté ma naturopathe. Mon corps est plein de levures intestinales. Il y a en a dans mon sang et dans mes urines. En considérant ceci, ainsi que mes autres allergies alimentaires, nous en sommes venues à la conclusion que j'avais le colon irritable et donc la muqueuse intestinale poreuse. J'ai donc suivi plusieurs traitements pour venir à bout de me débarrasser du candida. Lorsqu'on a ce genre d'infection parasitaire, on est attiré par le sucre et les féculents, car ce champignon en raffole. De plus, j'ai une déficience au niveau des enzymes, ce qui expliquerait bien des choses. Aurais-je été moi-même intoxiquée par les métaux lourds, tels que ceux contenus dans les vaccins que j'ai reçus?

Sur le plan génétique, j'aurais donc transmis à mes enfants cette faiblesse. Dans ce cas, je comprends davantage ce qui est arrivé à mon fils. Même s'il y a deux frères dans une même famille qui ont un fils autiste, cela ne veut pas dire que le problème provient nécessairement de l'homme. Bien que le problème semble venir surtout de mon côté dans ce cas-ci, il y a des histoires d'intolérances alimentaires chez mon mari ainsi que chez ses frères.

Mon mari a souvent des maux d'estomac. Son médecin lui prescrit des comprimés, sans l'interroger sur son alimentation. Lorsque mon mari mange à la maison, comme nous, il n'a pas de problème de digestion, mais dès qu'il mange dans un restaurant, il doit prendre sa médication. J'ai connu deux autres personnes dans le passé, des êtres chers, qui ont pris ce genre de médicaments et les deux sont décédés d'un cancer d'un organe relié à la digestion. Coïncidence?

En remontant l'arbre généalogique, il faut noter que ma mère biologique était dépressive et alcoolique. Il paraît que mon père biologique l'était également. De plus, j'ai un oncle épileptique. Concernant les autres cas d'adoption dans nos familles, il est difficile d'en identifier les antécédents médicaux.

L'hérédité entre en ligne de compte

Considérant le bagage génétique des deux parents, il n'y a donc pas de doute que l'hérédité entre en ligne de compte. *« Comparons l'hérédité à une carabine. La prédisposition génétique ou la vulnérabilité de certains gènes, c'est la gâchette. L'élément déclencheur provient d'un impact environnemental qui appuie sur la gâchette, et le coup est parti ! »* Ceci provient d'une traduction adaptée d'une expression anglophone tirée du magasine scientifique Discover, d'avril 2007, dans l'article intitulé : *« Autism : the answer may lie in the guts, not in the head. »* (L'autisme : la réponse se trouverait dans les intestins et non dans la tête).

L'autisme : une forme d'empoisonnement à plusieurs niveaux?

En récapitulant, je pourrais dire que William a hérité de sa mère la fragilité au niveau des intestins et une faiblesse au niveau du système immunitaire (prédisposition génétique) et des facteurs externes (impacts environnementaux) dont les vaccins, les antibiotiques, l'intoxication aux métaux lourds, les produits chimiques, et une l'alimentation impropre qui auraient déclenché tout le processus. Est-ce que la maladie cœliaque s'exprime par des symptômes qui ressemblent à ceux de l'autisme?

LES ALLERGIES FAMILIALES

Lorsque j'étais enfant, j'ai développé une allergie à la poussière de foin, ce qui était très perturbant, puisque nous vivions sur une ferme. Lorsque je consomme des kiwis et des ananas, j'ai des sensations de brûlure dans la bouche. Après avoir mangé des œufs, je ressens une certaine fatigue.
Dans son enfance, mon mari a été allergique à la poussière, aux plumes et aux poils de chien. Il a reçu des traitements tels que des injections pour contrer ce problème qui n'en est plus un aujourd'hui. Un membre de sa famille est mortellement allergique aux piqûres d'un insecte.

Ma fille souffre d'une vingtaine d'intolérances et allergies alimentaires dont une à la volaille qui m'a vraiment surprise. Comment un enfant peut-elle être allergique au poulet et à la dinde? Peut-être que des vaccins sont inoculés sur des embryons d'œuf. Si c'est le cas, les vaccins pourraient être responsables des allergies alimentaires. Et, si les allergies alimentaires donnent des symptômes autistiques, c'est que les vaccins en sont la cause. En faisant des recherches pour trouver ce qui provoquait ses otites à répétition, j'ai découvert que les allergies au lait, aux œufs, au soya et à la volaille peuvent en être la cause. Alors, dans ce cas, les vaccins pourraient aussi être responsables des otites.

La prise d'antibiotiques et l'apparition de nouvelles allergies
Nous avions découvert l'intolérance au soya chez ma fille à la suite d'un comportement troublant. Elle pleurait souvent en criant :

« Bobo! » et plaçait sa main sur son ventre. Elle avait commencé à avoir des selles plus molles. De plus, elle avait arrêté de se développer normalement. Elle paraissait malade et souvent fatiguée. Lorsque nous avons coupé le soya, nous avons observé les mêmes résultats que chez son frère : son appétit est revenu avec sa bonne humeur. Son développement a repris sa courbe habituelle. Son allergie au soya est apparue après avoir pris de nombreux antibiotiques, elle aussi, pour des otites et deux mastoïdites. Je soupçonne donc un lien direct entre la prise d'antibiotiques et l'apparition de nouvelles allergies alimentaires, puisque c'est ce qui a été observé chez mes deux enfants qui ont suivi presque le même parcours à ce niveau.

La présence des levures intestinales peut causer des otites. Alors, donner constamment des antibiotiques ne ferait qu'aggraver le cas, puisqu'ils détruisent la flore intestinale permettant aux parasites de prendre de l'expansion. Prenant à témoin mon système immunitaire qui s'est renforcé depuis ma lutte contre les levures intestinales, je crois que tout ce qui irrite les intestins contribue à diminuer les capacités du mécanisme de défense. Une personne qui est infectée de levures peut en avoir jusque dans la gorge et sur la langue. Ces levures peuvent également se rendre jusqu'à l'oreille moyenne et provoquer de l'irritation, de l'inflammation et des infections.

Les antécédents familiaux doivent être considérés

Avant d'injecter des vaccins aux enfants, les médecins devraient consulter les antécédents médicaux familiaux au niveau des maladies intestinales et auto-immunes, tout comme les allergies alimentaires et respiratoires.

LES ERREURS MÉDICALES, LES VACCINS ET LES ANTIBIOTIQUES

La naissance de notre fils a été marquée par un traumatisme de naissance provoqué par les séquelles provoquées par l'accélérateur à contractions.

Le vaccin ROR

Les vaccins et les antibiotiques ont développé des réactions immunes défavorables. Il est possible que ce ne soit pas seulement le contenu potentiellement toxique des vaccins qui provoquerait l'autisme, mais aussi la manière dont le corps de certains enfants réagit suite à ces injections. L'une des catégories de l'autisme est caractérisée par une régression qui apparaît entre 18 et 24 mois. Avant de recevoir le vaccin ROR, notre fils parlait et se développait normalement. Après l'avoir reçu, il a perdu tout le vocabulaire qu'il avait déjà acquis et avait de la difficulté à s'exprimer verbalement. Le même phénomène est apparu chez son cousin. Avant ce vaccin, il pouvait pointer le ciel et dire *: « Lune! »*, après il a régressé et est devenu autiste.

Malgré cette régression, le médecin continue de faire croire aux parents que leur enfant est venu au monde autiste, et qu'il n'y a rien à y faire. Je connais d'autres mères dont les enfants parlaient et se développaient normalement jusqu'à la prise de ce vaccin. Certains de ces enfants se seraient mis à faire de la fièvre et à convulser avec des risques d'arrêts cardiaques et respiratoires. D'autres seraient même décédés durant leur sommeil et les médecins attribuèrent le décès à la mort subite du nourrisson. D'autres encore ont régressé aussi avec le vaccin de l'hépatite b. Une dégradation générale de leur état de santé a été observée. Le monde médical nous fait croire qu'il ne s'agit là que d'une coïncidence et que le seul lien qu'il y aurait entre la régression autistique et la vaccination serait l'âge. Ce qui est étrange, c'est qu'on nous chante la même chanson concernant les otites et les vaccins.

Les doses massives d'antibiotiques

La deuxième grande régression de notre fils a été provoquée par la prise d'antibiotiques avant et pendant son hospitalisation pour des otites et une mastoïdite. En un mois, vers l'âge de deux ans, il a reçu un antibiotique oculaire et deux auriculaires, trois sortes d'antibiotiques oraux, ainsi que trois catégories d'antibiotiques par intraveineuses. Tout pour détruire une flore intestinale et abîmer ses intestins déjà fragiles. Sa sœur a eu le même parcours. Bien qu'il soit rare de constater la présence de deux mastoïdites à l'intérieur des membres d'une même famille, il est encore bien plus rare qu'un enfant en fasse deux en un an. Malgré le fait qu'elle pouvait souffrir d'une déficience du système immunitaire, trois médecins m'ont demandé à voir son carnet de vaccination afin de le mettre à jour en plus de lui injecter le vaccin contre le streptocoque, ce que nous avons refusé. Que voulaient-ils faire? Donner des vaccins en plus des antibiotiques, est-ce une pratique courante?

Plusieurs souffrances auraient pu être évitées. Lorsque j'ai demandé à un immunologue pourquoi ma fille a fait deux mastoïdites en si peu de temps, il m'a répondu de façon très anodine : *« Ça arrive qu'une personne gagne deux fois à la loterie! »* Était-ce là la seule explication qu'il pouvait me donner?

Moins de douze heures avant l'hospitalisation de notre fils pour sa mastoïdite, un médecin consulté dans une clinique d'urgence n'avait même pas vu d'otite. Pendant son hospitalisation, il attrapait tous les microbes qui passaient, tellement son système immunitaire avait été affaibli à un point que les médecins l'ont sorti d'urgence de l'hôpital afin de lui sauver la vie. Après tout ceci, qu'on ne nous fasse plus croire que les vaccins et les antibiotiques sont bons pour nos enfants.

Différent pour toujours

Mon fils ne pourra jamais manger comme les autres ni même aller au restaurent avec ses amis. Il aura toujours des allergies alimentaires. Il sera toujours sensible aux produits chimiques et à tout ce qui n'est pas naturel. Tout au long de sa vie, il devra être sur ses gardes et faire extrêmement attention pour ne pas redevenir comme il était avant. Les vaccins et les antibiotiques n'ont pas uniquement endommagé ses intestins et son système immunitaire. Sa santé sera toujours fragile, ainsi que celle de ses enfants s'il en a un jour.

TROISIÈME PARTIE

COMMENT WILLIAM A ÉTÉ GUÉRI

Ce qui a le plus fonctionné dans le cas de William

La première fois que mon fils m'a dit « Je t'aime maman! » en me serrant fort dans ses bras, la Terre a arrêté de tourner. Ce moment restera gravé à tout jamais jusque dans le fin fond de mon âme, pour toute l'éternité.

La guérison de William fut l'aboutissement d'une lutte de tous les instants. Je me suis d'abord documentée. J'ai questionné des spécialistes et je me suis rapidement rendue compte que les parents d'autistes étaient laissés à eux-mêmes. Une fois le diagnostic établi, notre système médical ne contribue aucunement à guérir l'enfant : il l'accompagne dans sa condition qui est considérée comme étant irréversible. Mon mari et moi avons refusé net de nous soumettre à une situation qui nous est apparue absurde : notre enfant, qui était tout à fait normal, était subitement condamné à vivre le restant de son existence avec une déficience majeure. Il fallait trouver les causes et surtout le ou les moyens de le sortir, de nous sortir, de cette impasse. Alors, nous avons tout essayé. Voici ce qui a fonctionné dans le cas de William.

LA DIÈTE

Modifier l'alimentation de William a amélioré sa condition intestinale et immunitaire. La diminution des anticorps dans son sang a entraîné automatiquement une diminution et ensuite une disparition complète des symptômes.

Les aliments supprimés

- tous les produits laitiers (caséine) ainsi que leurs dérivés dont le lactosérum
- le gluten (blé, avoine, seigle, orge, kamut, épeautre) ainsi que leurs dérivés dont les termes portant le préfixe « malt »
- toutes les sortes de choux incluant le brocoli
- tous les fruits tropicaux et exotiques (agrumes, ananas, kiwis, mangues, bananes)
- les fruits secs
- toutes les sortes de noix, noisettes, amandes, arachides, sésame
- les œufs
- les radis et navets
- les viandes rouges (bœuf, veau, porc, animaux sauvages, bison, cheval)
- le saumon d'élevage
- les organismes génétiquement modifiés
- les pommes et les raisins ainsi que leurs jus (sauf pommes Gala et Délicieuse permises)
- les autres jus de fruits et de légumes qui ne sont pas biologiques
- toutes les sortes de sauces commerciales et plats déjà cuisinés
- les saveurs et colorants

- les additifs alimentaires, agents de conservation, épaississants, bicarbonate de soude
- gélatine
- vinaigre blanc
- chocolat, caramel et vanille
- bonbons et gommes à mâcher
- tous les produits pouvant contenir des traces d'aliments allergènes
- les aliments en conserve
- le soya
- le miel

Voici ce qu'il peut manger
- toutes les sortes de volaille, agneau, lapin et porc biologiques
- poissons, fruits de mer et crustacés à l'occasion
- fruits et légumes biologiques et régionaux
- pain fait avec des farines ne contenant pas de gluten
- céréales de riz, maïs, sarrasin et quinoa biologiques
- huile d'olive extra vierge biologique et provenant d'une première pression à froid
- margarine sans produits laitiers ni soya
- gras de canard
- chocolat sans gluten, ni lait, ni soya, ni noix à l'occasion
- sucre biologique et non blanchi à l'occasion
- pâtisseries faites avec des farines de riz, maïs, sarrasin, patates et tapioca
- croustilles de patates biologiques et de quinoa
- barres tendres sans gluten
- lait de riz sans saveur
- lait de patates
- légumineuses telles que des fèves aux tomates
- jus de poires, pêches et fruits des champs biologiques
- le bacon et le pepperoni à la dinde
- la viande séchée et fumée

- les pâtes alimentaires sans gluten ni risque de traces
- les sauces pour pâtes faites maison sans épices commerciales ni pâte de tomates commerciales.
- les graines de tournesol et de citrouille
- les produits d'érable purs à l'occasion

Ceci n'est pas une recette miracle ou une formule magique qui conviendra à chaque enfant diagnostiqué autiste. Étant donné que chaque enfant est différent, il faut trouver ce qu'il ne tolère pas et ce qui lui convient le mieux.

Plusieurs autres traitements

Il est cependant difficile de dire si les résultats positifs dus aux changements de la diète de mon fils auraient eu un aussi grand impact si cela n'avait pas été accompagné de l'un ou de plusieurs autres traitements (orthophonie, ergothérapie, ateliers de stimulation précoce, naturopathie et homéopathie, etc.). Ce qui est certain, c'est que les changements alimentaires ont contribué au succès des autres thérapies. Étant donné que l'autisme est une maladie complexe, il faut essayer tous les traitements et thérapies possibles en tenant compte du caractère central de l'impact de l'alimentation et que les autres thérapies gravitent autour.

LES SUPPLÉMENTS ALIMENTAIRES

Tous les jours, je lui donne les suppléments alimentaires suivants :

- des protéines en poudre de riz, lin, chanvre et salba dont certaines contiennent des huiles oméga
- des multivitamines et minéraux croquantes sans allergènes ni agents de conservation ni colorants...
- de bonnes bactéries pour les intestins (probiotiques)
- des huiles de poisson, de lin et de chanvre avec omégas
- un complexe de vitamines B
- quelques gouttes de lithium
- des vitamines et minéraux liquides en alternance (calcium et magnésium, multivitamines et minéraux dont le sélénium, le fer, un composé minéral)
- en hiver, je rajoute un produit naturel pour renforcer le système immunitaire et de la vitamine C
-je lui donne des enzymes à l'occasion

Pour l'aider avec sa concentration à l'école, je m'assure que ses huiles oméga sont riches en DHA.

Trop de suppléments peuvent être dangereux. Il faut savoir bien doser.

Il n'a pas vraiment suivi de traitements contre les levures sauf des produits pour réparer sa muqueuse intestinale. Les lactobaccillus et les bifidobactérium ont contribué à restaurer et à équilibrer sa flore intestinale tout en combattant les autres parasites.

LES SPÉCIALISTES

Les spécialistes qui nous ont été d'un plus grand secours sont les suivants dans l'ordre d'importance :

- un chercheur en gastronomie et en science des aliments
- une naturopathe-homéopathe
- une ergothérapeute
- un associé du GPL
- une psychoéducatrice

L'orthophoniste n'a pas contribué largement au développement de son langage puisque la progression est survenue suite aux changements alimentaires. Cependant, elle nous a été d'un grand secours pour former notre éducatrice.

Aucun médecin ne nous a été d'une aide utile et valable.

Un chélation a fait sortir les métaux lourds de son système. Suite à ces traitements, il est devenu joyeux, présent et communicatif. Il s'est mis aussi à nous jouer des tours et à faire des blagues. C'est comme s'il était sorti de la lune et était revenu les deux pieds sur Terre. De plus, il s'est mis à grandir tout d'un coup.

Le retrait des produits chimique de son environnement

Nous n'utilisons maintenant que des produits naturels biologiques et biodégradables pour le nettoyage domestique dont le savon à vaisselle et à lave-vaisselle, le détergent et l'assouplissant à lessive, les nettoyants pour le ménage, ainsi que le dentifrice, le savon corporel et le shampooing. Le chlore de la piscine a été remplacé par du sel.

Les médicaments naturels

Il est certain que mes enfants ne recevront plus de vaccins sous leurs formes actuelles. Ils ne recevront des antibiotiques que lorsque ce sera extrêmement nécessaire. Lorsqu'ils ont un rhume ou une grippe, je leur donne des pastilles de zinc et d'échinacée, de l'eau salée dans le nez et du sirop à base de plantes.

LES MÉTHODES ÉDUCATIVES

L'augmentation du taux de l'autisme a fait naître plusieurs différentes approches éducatives. Entre TEACH, l'ABA et le Floortime, c'est ce dernier qui a donné de meilleurs résultats.

Floortime

L'approche du Floortime est plus stimulante, car elle est basée sur le développement du plaisir d'apprendre qui fait naître la motivation, la curiosité et l'initiative chez l'enfant. Ses apprentissages se font dans le mouvement qui prime sur la stagnation, de manière à stimuler sa croissance. Cette technique lui permet d'acquérir une plus grande ouverture d'esprit sur le monde qui l'entoure. La communication avec ses pairs est sollicitée. On encourage l'enfant à acquérir des connaissances par la créativité, le jeu et l'imagination pour contribuer ainsi au développement de la communication. C'est à travers ce qui intéresse le plus l'enfant qu'on lui apprend de nouvelles choses. On suit donc les intérêts de l'enfant qu'on tente ensuite de pousser plus loin.

La méthode consiste à passer par chacune des étapes fondamentales du fonctionnement qui sont toutes à la base du développement de l'intelligence, de la communication et des interactions sociales. Il s'agit d'une technique basée sur le développement individuel et cognitif où l'on permet à l'enfant de maîtriser de nouvelles capacités tout en l'engageant à son niveau de fonctionnement. Les éducatrices trouvent des façons d'aider l'enfant à surmonter les échelons du développement un à la fois tout en respectant son rythme. Chaque événement de la journée est propice aux apprentissages. L'enfant est amené à maîtriser des étapes émotionnelles et fonctionnelles importantes. On l'aide à faire un parallèle entre ses émotions et son comportement de manière utile et constructive afin qu'il comprenne mieux le monde dans lequel il vit. L'enfant est ensuite conduit au stade de la résolution de problèmes. Leur approche est fondée sur le fonctionnement du système nerveux qui est pris en considération. L'enfant est sensibilisé à l'information reçue par ses cinq sens. Il est engagé dans des rapports de communication bidirectionnelle, ce qui augmente sa capacité à verbaliser ses idées. Il développe aussi le sens de la logique. Il peut reconnaître, identifier et nommer.

Étant donné que le Floortime travaille à la source du problème qui est un trouble du développement, cette méthode est beaucoup plus proche du succès que les autres méthodes de réadaptation éducatives à mon avis. Je trouve cette technique amusante, stimulante, chaleureuse, sociale et surtout humaine. Quelques mois après avoir utilisé la technique du Floortime avec notre fils, les résultats ont surpassé ceux faits par un autre enfant que nous connaissons bien et qui a suivi une approche comportementale pendant plusieurs années. Notre fils apprend beaucoup de choses rapidement. Il a fait d'énormes progrès. Certes l'approche biochimique y a largement contribué.

TEACH

Je connais peu de choses au sujet de la méthode TEACH, mais j'ai pu constater que l'enfant était placé seul, isolé des autres, dans un espace de travail autonome où on lui demandait d'exercer plusieurs tâches telles que recréer des séries à partir de modèles de formes et de couleurs, ou encore enfiler des perles de différentes grandeurs pour développer la motricité fine. L'enfant ne développerait une relation qu'avec les objets. Chaque nouvelle compétence serait pratiquée à plusieurs reprises pour être bien maîtrisée avant que l'enfant ne passe à l'étape suivante. Chaque enfant a un programme personnalisé et adapté à ses capacités physiques et intellectuelles. D'après les difficultés de certains enfants, cette méthode pourrait être un excellent premier pas à franchir, mais il faudrait changer de méthode éducative au fur et à mesure que l'enfant progresse.

Certaines méthodes éducatives conviennent mieux à certains enfants qu'à d'autres.

L'ABA

C'est le cas aussi pour l'ABA. Il s'agit d'une approche béhavioriste où il y a manipulation de l'environnement conduisant à la modification d'un comportement de manière à faciliter les apprentissages. Les acquis sur le plan cognitif sont sollicités par des incitations conduisant aux réponses souhaitées. Cette thérapie comportementale demande par stimulation à certaines cellules du cerveau de changer de fonction pour remplacer celles qui fonctionnent moins bien dans le but de maîtriser des compétences.

Il serait bon d'utiliser cette technique pour rattraper le temps perdu au niveau des apprentissages sur le plan cognitif, car il s'agit d'un programme d'études adapté et personnalisé où on évite d'enseigner les connaissances que l'enfant maîtrise déjà. Les connaissances de base sont vérifiées avant que l'enfant n'acquière de nouvelles compétences. Chaque nouvelle étape est décomposée en unités plus petites pour rendre les apprentissages plus accessibles et faciles.

L'ABA est la méthode éducative de réadaptation qui nous a été le plus recommandée, mais elle est aussi celle qui nous a le plus déçue par sa rigidité. Je ne veux pas trop critiquer cette approche, car peut-être ai-je eu affaire avec des éducatrices et des superviseures mal formées. Je ne voudrais surtout pas décourager les parents qui y croient et qui y ont déjà investi beaucoup de temps et d'argent.

Ce que je n'ai pas aimé, et prenez cela seulement comme une opinion personnelle, c'est que j'avais l'impression qu'on traitait mon fils comme s'il s'agissait d'un animal à dresser ou d'une machine à programmer. L'enfant serait privé d'interactions sociales avec des enfants de son âge pour vivre une relation avec un adulte en faisant des exercices de mémoire sur table, plusieurs heures par semaine. Il ne ferait que répondre à des commandes.

J'ai été très choquée de constater qu'ils donnent beaucoup de récompenses alimentaires dont certains produits peuvent contenir des aliments allergènes qui sont pourtant à la source du comportement indésirable qu'on tente d'enrayer. Tentant de modifier les fonctions neurologiques cette méthode ne traiterait pas l'autisme régressif, mais tenterait tout simplement de le modifier.

Certains centres refusent carrément de faire suivre cette méthode éducative à un enfant qui ne suit pas l'approche biochimique avec un changement alimentaire approprié, car la progression n'est pas aussi rapide et efficace.

Tout le monde connaît les expressions suivantes : *« Ton corps est la maison de ton cerveau » « Un esprit sain dans un corps sain » « La tête travaille mieux quand le corps est en santé ».* À quoi sert-il de tenter de stimuler un cerveau qui est intoxiqué? Mieux vaut d'abord nettoyer l'organisme.

Nous n'avons pas suivi cette thérapie assez longtemps pour en apprécier les bienfaits à long terme, s'il y en a. Je ne dis pas que l'ABA n'est pas une bonne méthode, je dis simplement qu'elle ne convenait pas à mon fils.

Au terme de la guérison de William, j'ai choisi de ne pas tourner la page. J'ai voulu faire le point. Je voulais savoir comment et pourquoi mon fils avait été diagnostiqué autiste.

L'ENFANT LUI-MÊME

Il me faut souligner le courage et la détermination de notre fils. On voyait, par ses efforts, qu'il tenait à s'en sortir malgré tout ce que cela lui demandait. Il s'est battu jusqu'au bout. Mon fils est combatif et c'est un gagnant. Sa détermination est un exemple à suivre.

Il est si reconnaissant envers nous pour tout ce que nous avons fait pour lui, qu'il nous remercie par sa gentillesse et sa douceur.

J'espère qu'un jour il comprendra ce qui lui est arrivé.

Quelques conseils aux parents

Ne vous attendez pas à ce que votre enfant s'en sorte aussi miraculeusement que le mien, bien que cela soit également possible. La meilleure manière de ne pas être déçue est de n'avoir aucune attente. Même si vous avez demandé une fleur et que vous avez reçu un cactus, avec des soins appropriés, il pourrait bien se mettre à fleurir. Si vous pouvez améliorer la qualité de vie de votre enfant, ne serait-ce qu'à 20 %, 50 % ou 80 %, ce serait déjà une grande victoire. Suivez votre instinct. Mais, surtout n'abandonnez jamais la bataille.

Connaissez-vous cette histoire du chercheur d'or ? *« Un homme a cherché de l'or pendant plusieurs années et n'en a jamais trouvé. Il planta sa pelle à l'endroit où il avait arrêté ses recherches. Plus tard, un autre homme prend la relève à l'endroit où l'autre avait cessé, et au premier coup de pelle, il trouva de l'or. »* Selon cette histoire, c'est au moment où on a le goût de tout laisser tomber qu'on aurait pu arriver à quelque chose si on avait persisté. Il y a toujours de l'espoir. Si ça a marché pour mon fils, ça peut très bien fonctionner aussi pour votre enfant. Nous sommes riches dans notre cœur, car lorsque notre fils est sorti du spectre autistique, c'est comme si nous avions gagné à la loterie. Je vous souhaite à tous de vivre ces moments de bonheur.

Pour ceux qui désirent en savoir plus, je vous conseille de faire des recherches sur Internet dans Google, en rentrant des mots clés comme : vaccin autisme, antibiotiques autisme, pesticides autisme, etc.... Vous y trouverez des milliers de sites qui en parlent.

Je vous donne également l'adresse de mon site web : http://pages.videotron.com/rlca/index.htm .

Je vous conseille fortement d'utiliser les services d'un laboratoire américain de réputation internationale qui donne un très bon suivi et des conseils pratiques avec les résultats d'analyse. À ce sujet, voici une adresse utile : www.greatplainslaboratory.com. Je vous recommande fortement de consulter un médecin qui a suivi une formation du DAN (Defeat Autism Now). Vous pouvez aussi aller consulter leur site. Je vous conseille aussi d'aller voir les sites de « Autisme Yesterday », « Generation Rescue », ainsi que celui de TACA (Talk About Curing Autism).

CONCLUSION

William aujourd'hui

William a présentement cinq ans. Il agit comme un enfant normal de son âge. Il parle beaucoup et s'exprime bien. Il fréquente une maternelle dans une école primaire privée, sans accompagnement. Je ne leur ai rien dit concernant son passé pour éviter qu'il se fasse étiqueter, par peur qu'il le refuse en tant qu'élève, et parce que je voulais qu'ils le perçoivent et le traitent comme les autres enfants. Personne ne s'est rendu compte de quoi que ce soit. Son professeur me dit qu'il parle tout le temps. Je lui ai répondu ceci sur une note humoristique : *« Je suis si heureuse qu'il parle, que ce n'est pas moi qui va lui dire de se taire! »* Il était en prématernelle l'année dernière à cette même école, et encore là, personne ne s'est rendu compte que mon fils aie déjà eu une telle problématique. Son enseignante n'en revient pas de sa grande capacité de mémorisation. Il est capable de lire et d'écrire certains mots que cela soit de façon manuscrite ou à l'ordinateur. Il est très intelligent et a de très bons rapports avec ses camarades. Il comprend bien les consignes et apprend rapidement. Son premier bulletin scolaire, plus qu'acceptable, comprenait des A+, A, quelques B et B-, peu de C, et aucun D. Sa seule difficulté se situe au niveau de sa rapidité pour terminer un travail durant la période de temps allouée, mais mon fils est le plus jeune du groupe, et c'est un perfectionniste. Il a quelque fois de la difficulté à se concentrer parce qu'il se laisse facilement distraire. Il est curieux, car il aime poser des questions. Il est motivé et aime bien l'école. Les gens le trouvent jovial, gentil, social et charmant. Il est créatif et a le sens de l'initiative. Il prend des décisions. Il aime aider et consoler. Il sait reconnaître des noms et des mots. Il connaît ses couleurs, formes, lettres et chiffres en français, anglais et en espagnol.

Mon mari qui était très sceptique au début, croit rêver aujourd'hui, et moi, je crois tout simplement au miracle.

« Guérir un enfant de l'autisme »

Je ne suis pas médecin. Et, pourtant, j'ai réussi à faire quelque chose que peu de médecins peuvent se vanter d'avoir accompli : « guérir un enfant de l'autisme ».

L'autisme, celui dont a été diagnostiqué William, n'est pas une maladie mentale, mais une maladie « intestinale » entraînant des désordres immunitaires et neurologiques.

Toute la pollution atmosphérique, environnementale, alimentaire et médicale agresse l'organisme qui, en retour, nous impose ses limites. Il en a assez. Il n'arrive plus à s'adapter.

Ne jamais tricher

Lors du diagnostic, ils identifient les symptômes qui caractérisent l'autisme sans même prendre le temps d'aller vérifier ce qui les cause. Les parents sont laissés à eux-mêmes, puisque personne ne les dirige dans la bonne voie vers des services appropriés. Est-ce que notre fils était réellement autiste ou est-ce son intoxication dont les symptômes ressemblaient étrangement à ceux de l'autisme? L'autisme existe-t-il vraiment? Ou, n'est-ce qu'un empoisonnement? Ce qui est certain, c'est que si nous redonnons à notre fils les aliments auxquels il est allergique ou intolérant, si on lui coupe ses suppléments et les probiotiques et si on le remet en contact avec des produits chimiques et des métaux lourds ou s'il reçoit d'autres vaccins et antibiotiques, il va redevenir autiste. Comparons cela à un rhume : lorsque les symptômes sont disparus, la personne est guérie de son rhume, mais si elle rentre de nouveau en contact avec le microbe, les symptômes vont réapparaître. Avons-nous réellement réussi à guérir notre fils de l'autisme ou arrivons-nous juste réussi à bien contrôler la maladie? Le diabétique peut contrôler le diabète par l'alimentation, mais s'il triche, les symptômes vont réapparaître.

Nos enfants nous envoient un cri d'alarme

Les comportements autistiques dévoileraient la présence d'une intoxication. Nos enfants nous envoient un cri d'alarme. Encore faut-il savoir les écouter. Qu'adviendra-t-il à leurs descendants rien ne change? Quelqu'un dans le passé a déjà tenté de sauver le monde. Mais, est-ce que le monde veut être sauvé?

La bêtise humaine a fabriqué une bombe, l'émergence de l'autisme, c'est son lancement, mais « attention », car elle n'a pas encore explosé!

L'histoire de mon fils a changé le cours de mon existence. Je voudrais consacrer le reste de ma vie à la cause de l'autisme, ce qui m'a amenée à mettre sur pied un organisme que j'ai nommé : *Regroupement de Lutte Contre l'Autisme*, afin de sensibiliser la population concernant les dangers entourant l'utilisation abusive des vaccins et des antibiotiques.

Ce fut tout un honneur pour moi de recevoir, de la part de Generation Rescue, le titre de « RESCUE ANGEL »

TÉMOIGNAGES

J'ai vu mon fils renaître!

« Évelyne est ma meilleure amie, mon épouse, la mère de mes enfants et l'auteure de ce livre. Je l'adore et je l'admire. William est notre premier-né. Il a été conçu dans l'amour et la passion, mais sa naissance fut dramatique. Grâce à l'amour et à la ténacité de sa maman, j'ai vu mon fils renaître!

Après le diagnostic d'autisme, Évelyne s'est vu confier le « dossier Wil ». Nous n'étions pas toujours du même avis concernant la marche à suivre dans ses traitements. Malgré mon scepticisme scientifique (les experts ont sûrement raison!), Évelyne trouvait toujours de bons arguments pour ses approches non orthodoxes. Le taux de succès avec William était phénoménal. J'ai vu mon fils s'épanouir à chaque nouveau changement alimentaire. Il y avait des moments de découragement, mais la récompense mérite le prix.

Merci mon amour d'avoir guéri notre fils! »

Denis W. Thibodeau, père de William

***

***

« William a beaucoup évolué au cours des deux dernières années. Du petit garçon qui ne voulait pas demeurer dans le bureau pour plus de 20 minutes, il est devenu celui qui entre en souriant et en initie la conversation. Il prend maintenant plaisir à raconter les événements qui se produisent à la maison ou à la garderie et à questionner l'adulte pour en savoir davantage ou pour confirme ce qu'il comprend. Alors qu'il ne s'intéressait que brièvement aux divers jouets présentés au début du suivi, il joue maintenant avec intérêt et à tour de rôle avec l'adulte reconnu.

L'évolution du langage a été assez rapide au cours de la dernière année. Les mots se sont multipliés et les phrases sont apparues. William peut maintenant utiliser le langage pour demander, refuser, commenter et exprimer ses désirs, mais aussi pour raconter et répondre à l'adulte qui tente d'entrer en interaction avec lui.

Il faut bien sûr souligner le travail important des gens autour de lui. La présence assidue des parents aux rencontres hebdomadaires en orthophonie. Souligner aussi l'apport des autres intervenants impliqués auprès de William qui lui ont permis de recevoir une stimulation apte à favoriser son développement quand William fut près à recevoir celle-ci.

Au nom de William, je remercie ses parents pour toutes les démarches faites et l'énergie mise à toujours vouloir mieux aider leur enfant. »

Suzy
Orthophoniste

***

Un secret sublime

« J'ai rencontré un médecin à l'hôpital pour enfants qui m'avouait du bout des lèvres que l'autisme sera bientôt perçu comme une maladie d'hypersensibilité des muqueuses. Elle était mal à l'aise d'en parler, parce que le système de santé n'a encore rien approuvé pour l'instant. Ça ferait passer le diagnostic de la rubrique psychiatrique à la rubrique de la médecine physique, donc vers une autre panoplie de spécialistes avec tous les enjeux que cela représente. »

France
Ergothérapeute

***

***

« J'ai toujours été de celles qui croient que bien des maux sont psychologiques. Je n'ai pas changé mon fusil d'épaule mais j'ai certainement ouvert un peu mes horizons depuis quelques années. En effet, ma passion pour les troubles envahissants du développement m'a amenée à côtoyer différents enfants, dont certains suivaient le régime sans gluten et sans caséine. J'ai donc pu observer les changements qu'apportait cette alimentation chez certains, plus particulièrement chez mon copain William. Je n'affirme pas ici m'associer aux dénonciations faites dans ce livre, n'étant pas assez informée sur les différents sujets pour me prononcer. Par contre, il est certain que j'ai pu constater chez William des changements marqués au niveau de son langage, de ses comportements et de ses apprentissages en lien avec le régime dans gluten et sans caséine. D'un enfant rigide, peu verbal et explosif, il est devenu un garçon curieux, imaginatif et communicatif. Il n'est pas question ici de favoriser ce régime pour tout autre intervention mais plutôt de lui permettre de faire sa place et d'informer le public de son existence. Ce régime implique naturellement des sacrifices importants mais peut par la même occasion favoriser le développement le plus optimal possible d'un enfant et l'aider pour son avenir. Je comprends donc ses parents, si fiers d'avoir pris cette décision. »

Magalie Payette
Bachelière en psychoéducation et éducatrice en stimulation précoce

***

***

« Mon nom est Rony Nizard. Je suis Docteur en science des aliments et spécialiste de l'après guerre chimique.

En 1970, au terme d'un séjour de six semaines à l'étranger, je suis rentré en Israël où j'habitais, tout comme d'autres membres de ma famille. J'appris alors que ma jolie petite nièce, nommée Léora, était malade et j'allai immédiatement la voir. C'était une petite fille pleine d'énergie, de tendresse et d'amour. Or, l'état dans lequel elle était plongée me stupéfia : elle était allongée dans son lit, les yeux révulsés, bavait et ne parlait plus. Quand j'ai questionné sa mère sur ce qui lui était arrivé, elle me dit que Léora était devenue ainsi après avoir reçu le vaccin ROR, celui que l'on donne à 18 mois.

Puisque je venais débuter un doctorat militaire en science des aliments et des produits chimique de l'après-guerre, j'ai décrit à mes supérieurs ce qui était arrivé à ma nièce et je leur ai demandé l'autorisation de faire des recherches sur ce fameux vaccin. Mon projet fut accepté et tous les crédits nécessaires m'ont été m'accordés. Suite à des recherches approfondies, j'ai réussi à découvrir pourquoi ce vaccin causait autant de désastres et j'ai appris comment stopper l'évolution de la maladie de l'autisme. J'ai découvert que l'autisme n'est pas une maladie neurologique, mais gastro-intestinale et qu'elle se soigne à 100 %, par une diète spéciale qui ne contient aucun gluten ni caséine, aucune protéine bovine et surtout sans albumine.

En novembre 1998, alors que j'étais installé au Québec, une dame est venue me voir avec son mari qui tenait leur fils dans ses bras. L'enfant venait de sortir de l'hôpital Ste-Justine de

Montréal après 9 mois d'hospitalisation, sans aucun progrès. Je leur ai posé des questions. Je leur ai dit que j'allais les aider à soigner leur enfant et leur ai assuré qu'il allait marcher dans les deux semaines suivantes et qu'en quatre semaines, il parlerait s'il suivait une diète sans gluten ni caséine, sans albumine et surtout sans protéine bovine. À peine quelques semaines plus tard, tel que prévu, il s'est mis à marcher et à parler. Sa mère est venue me voir pour me remercier. Elle m'a remis deux photos. Sur la première, son enfant est autiste, épileptique, asthmatique avec de l'eczéma. La deuxième photo a été prise trois mois plus tard. C'était un enfant normal et en bonne santé. Depuis lors, j'ai contribué à soigner des milliers de personnes au Québec et je l'ai toujours fait gratuitement. Ce n'est pas mon gagne-pain.

Je dois préciser que j'ai fait des recherches sur la fabrication des aliments pendant plus de 40 ans. Je suis l'un des seuls dans le monde à connaître certaines techniques de fabrication alimentaire.

Je suis aujourd'hui en mesure de confirmer que plusieurs maladies pourraient être soignées grâce à la science des aliments. La science des aliments est la première médecine sur terre. Elle est inscrite dans le Talmud qui est la traduction de la Tora. La deuxième médecine est la médecine chinoise, la troisième est la médecine traditionnelle, la quatrième est la médecine alternative naturelle et la cinquième est la médecine nucléaire. La science des aliments soigne le système lymphatique et surtout l'intestin grêle. Le système lymphatique ne supporte aucun médicament ni produit pharmaceutique. Il se soigne que par des aliments sans allergènes, sans gras animal et sans produits chimiques tels que les agents de conservation. Mes recommandations à ce niveau sont très strictes et les résultats sont spectaculaires. Depuis 10 ans, je soigne avec une diète spéciale, l'autisme, le diabète de type 2, le psoriasis, l'asthme, la sclérose en plaques, l'arthrite, l'arthrose, l'infertilité et les problèmes de libido, le cancer sans métastases, ainsi que toutes les maladies neurologiques.

Merci à Madame Claessens de m'avoir invité à écrire ce témoignage pour son livre. Aujourd'hui, Évelyne a un garçon normal et en santé qui n'est plus autiste.

J'espère qu'un jour, nos gouvernements permettront de créer un programme universitaire en science des aliments et de former des médecins afin d'avoir une relève au pays, ce qui nous permettra d'exercer cette merveilleuse médecine. »

Rony Nizard
Docteur en science des aliments et spécialiste de l'après guerre chimique

***

« Mon fils Cédric a toujours été un enfant spécial dans sa manière d'observer les gens, les objets. Toujours à tout « analyser ». Il fut un bébé, si calme, si facile, si peu exigeant!

En octobre 2006, à l'âge d'un an, Cédric fait son entrée en milieu familial de garde et reçoit, dans cette même période, les vaccins prévus à l'âge de 12 mois; son éducatrice le trouve facile, attachant, souriant! Il dit déjà plusieurs mots, « papa, maman, lampe, fleur », il nomme les couleurs. Puis, pour la première fois, il tombe malade et prend sa première dose d'antibiotiques : diarrhée instantanée, rash terrible sur les *fesses. À la pharmacie on me suggère un autre médicament pour contrer l'effet secondaire de la diarrhée mais j'opte plutôt pour du Bio-K*. Finalement, la diarrhée cesse, mais les fesses demeurent irritées, puis en viennent vite au sang. Nous cessons l'antibiotique. Il fait ses premiers pas aux les Fêtes, nous sommes si fiers ! En janvier, il retombe malade : cortisone, Ventolin, antibiotiques encore... Encore des champignons aux fesses. Pour 2 ans, des crèmes antifongiques s'installent sur notre table à langer. Il mange de moins en moins mais carbure au lait et aux yogourts à boire. Son éducatrice s'en inquiète, elle s'inquiète aussi parce qu'il ne s'intègre pas au groupe des enfants, qu'il joue toujours aux mêmes jeux, et qu'il n'arrive pas à trouver le sommeil pendant la sieste de l'après-midi. On la sent moins attachée à lui, et on sent qu'elle ne veut plus le garder... (savait-elle?), alors, on suit notre instinct et on le retire de la garderie. Il perd certains mots, mais devient un expert en chiffres, lettres, formes et couleurs, tout ce qui s'apprend tout seul avec les jouets à « pitons/sons/lumières » tant à la mode. Au courant de l'hiver, il s'amuse à lire les plaques d'immatriculation sur les voitures (« Mon Dieu, il connaît les chiffres et l'alphabet à 15 mois ! ») Puis au printemps, c'est la naissance de sa soeur cadette. Il ne réagit pas à son arrivée. Aux cours de natation, on remarque qu'il n'est pas « avec nous », qu'il n'interagit pas comme les autres enfants, qu'il s'intéresse plus au reflet des vaguelettes et aux grosses lumières du plafond qu'à s'amuser à patauger et taper dans l'eau. On se rendre à l'évidence que quelque chose cloche avec notre beau trésor... Puis il fête ses 18 mois et reçoit les autres vaccins. L'été qui suit (2007) est un enfer complet : cris, pleurnichage, refus de s'alimenter par autre chose que du lait, pain, craquelins, riz blanc, quelques fruits et légumes, mais des quantités industrielles de lait. Il est maigrichon, cerné, a les yeux bouffis, nous sommes inquiets. Il ne réagit plus à son* *nom. Devant l'évidence d'un problème, je commence à faire des recherches sur l'autisme, mais ne je trouve que Cédric cadre avec la description proposée. Dans mon entourage, on me dit qu'il n'a pas deux ans, que je m'en fais trop, etc. Une amie me parle des troubles envahissants du développement, et je comprends vite que là, on vient de mettre le doigt sur le bobo. Premières rencontres avec une éducatrice du CLSC et requête du pédiatre pour une évaluation en pédopsychiatrie.*

Automne 2007: Cédric fait son entrée en CPE, et cela se passe bien. Il fait quelques crises à l'occasion, mais il suit le groupe, nomme quelques amis, aime la garderie, s'occupe par des jeux parallèles et assez répétitifs. Son éducatrice me parle du mot « écholalie »: une autre découverte! Il aura fallu attendre de septembre à mars pour l'évaluation en pédopsychiatrie... En tant que parents inquiets, nous avons cherché des solutions, consulté en orthophonie et en ergothérapie au privé. Puis un bon jour, c'est mon père qui m'a parlé du témoignage d'une maman, Évelyne, qui dit avoir sorti son petit William de l'autisme avec, entre autres, une diète sans lait. Il me presse de lire son témoignage, prétextant que c'est Cédric tout copié, cette histoire-là. Je suis sceptique, très sceptique, surtout avec ce qu'on peut retrouver sur internet. Finalement mon père m'a donné les coordonnées d'Évelyne, mais elles sont restées longtemps dans la boîte de réception de mes courriels, puis j'ai fini par lire ce fameux témoignage. J'étais abasourdie ! Mon conjoint prit connaissance des faits, lui aussi, et le soir même, nous cessions les produits laitiers. Trois jours d'enfer ont suivi : pleurs, cris, agressivité, sueurs froides, insomnies, tremblements. Nous n'avions jamais vu notre petit comme cela auparavant. Puis, au terme de la troisième journée, c'est comme si un interrupteur s'était mis à ''ON''... Ses yeux se sont ouverts à nous, il souriait en nous regardant dans les yeux. Ce week-

end, j'ai pu prendre de belles photos tant il était souriant et présent! J'ai envoyé ces photos par Internet à des amis et tous me répondirent que ses yeux brillaient, que son regard était transformé. Alors, j'ai su que tout cela n'était pas une illusion ou un bateau que je me montais en maman désespérée. J'ai compris que nous venions d'ouvrir une porte qui allait nous mener vers une autre approche des troubles autistes. De plus, à notre grand bonheur, il se mit à manger tout ce qu'on lui proposait : ses troubles alimentaires disparurent à 75 %. L'ergothérapeute que nous avions consultée pour ses difficultés dut reconsidérer son rapport !

Par la suite, j'ai consulté une naturopathe à Québec, madame Céline Arsenault. Nous avons fait faire une analyse de cheveux qui nous a révélé des carences en minéraux et une intoxication aux métaux lourds. Un test de sang nous a révélé quant à lui un taux anormal de levures (infection du candida albicans). Les interventions ont débuté graduellement, incluant une diète sans gluten, des omégas-3, des probiotiques, des traitements homéopathiques anticandida et chélation naturelle.

Puis, au printemps suivant, Cédric a officiellement reçu son diagnostic de troubles envahissants du développement. Encore sur le mode attente pour plus de 6 mois, nous avons poursuivi notre quête et avons trouvé à Westmount (Montréal) une femme médecin qui nous accompagne encore aujourd'hui dans nos démarches alternatives et expérimentales.

À l'automne suivant, les services du CRDI démarrèrent, soit plus d'un an après la première requête du pédiatre...

Depuis le début de cette aventure, ce qui a été pour nous une révélation et source de motivation à continuer dans ce type d'approches non conventionnelles, a été la suppression de la caséine et une part de chélation naturelle. Notre fils n'est pas « guéri », mais il progresse bien. Nous continuons en ce sens, car nous sommes convaincus que ce type d'approche fonctionne avec lui. Pour moi, Cédric, à un moment donné dans son développement, a fait exploser la boîte d'un casse-tête. À partir des pièces, éparpillées sur le sol, nous devons en rassembler les morceaux du casse-tête de son développement. On doit le reconstruire avec des pièces endommagées. Essayer de recoller tous les morceaux. Plus ce travail de « réparation » débute rapidement, plus il est possible de parler de contrôle des symptômes et même de guérison. Par contre, rien ne garantit qu'en replaçant une pièce au bon endroit, une amélioration des symptômes s'ensuivra... Par exemple, régler un problème d'infection à levures ne nuira pas, mais ne se soldera pas nécessairement par un miracle de guérison ! Il faut y aller étape par étape, une pièce du puzzle à la fois. Il faut demeurer réaliste, tout en carburant à l'espoir; si vos attentes sont trop grandes, vous pouvez vivre de grandes déceptions et perdre l'énergie précieuse que réclament les soins de votre enfant.

Je ne suis pas personnellement convaincue que ces alternatives médicales puissent aider tous les enfants autistes ou TED. Je crois à l'hypothèse qu'il y aurait deux formes distinctes d'autisme, l'une qui est une fatalité génétique, et l'autre qui est la résultante des multiples facteurs qui génèrent des symptômes que l'on diagnostique aujourd'hui comme de l'autisme. Selon moi, c'est sur cette deuxième forme d'autisme que l'on peut se permettre de croire pouvoir intervenir de façon biomédicale. La liste des facteurs à considérer n'est pas encore exhaustive, certes, mais l'on peut accuser la pollution environnementale (incluant celles de nos propres maisons), un dysfonctionnement du système immunitaire (maladies auto-immunes, allergies alimentaires et hypersensibilités à différents produits chimiques), un terrain gastro-intestinal fragilisé, transmis souvent par la mère (perméabilité intestinale, infection à levures, parasites, mauvaise digestion, malabsorption), intoxication aux métaux lourds (due à une exposition, mais aussi à une dysfonction du système naturel de détoxification).

En terminant, je voudrais souhaiter bon courage à tous les parents qui se lanceront dans l'aventure des traitements non conventionnels de l'autisme et des TED. Certains jours, vous serez au Nirvana car votre enfant aura avancé de 6 pas extraordinaires! Le lendemain, vous serez démolis car il aura reculé de quatre cases. Mais, en bout de ligne, gardez à l'esprit qu'il a tout de même avancé de deux... Soyez positifs, soyez courageux, et soyez plein et fort de votre Amour. »

Annie, fière maman de Cédric (3 ans)

***

Il était une fois

« Une histoire vraie. Celle d'un enfant à aimer et à protéger. J'ai rencontré William quelques mois avant qu'il n'atteigne ses trois ans. En entrant dans mon bureau, sa mère, Évelyne m'explique qu'elle préférerait le garder attaché dans sa poussette pour que nous puissions parler en toute tranquillité. Au cours de l'heure qui suivit, je n'ai jamais réussi à entrer en contact avec le petit. Pendant une heure, il a jeté par terre une petite auto que sa mère lui remettait avec beaucoup de patience, en lui répétant à l'occasion « C'est beau William, maman est contente, tu es gentil! »

"Un enfant, ça vous décroche u rêve", chantait Jacques Brel. Comme la plupart des enfants autistes que j'ai reçus en consultation, William souffrait de maux de ventre, de diarrhée, de gaz malodorants, de reflux. Des indices qui font soupçonner des intolérances ou des allergies alimentaires.

Il avait déjà, au cours de sa courte vie, été hospitalisé deux fois et avait souvent reçu des antibiotiques. De plus, William faisait beaucoup de caprices alimentaires.

Évelyne était prête à tout, à tout essayer. Elle voulait comprendre. Elle se questionnait et questionnait beaucoup.

Le premier objectif de la thérapie visait à rétablir les fonctions gastro-intestinales. À bien y penser, comment un enfant peut-il entrer en relation avec les autres s'il souffre de douleurs abdominales du matin au soir? Dans le cas de William, une diète sans caséine (protéine du lait) et sans gluten (protéine du blé), des jus de carottes frais faits à l'extracteur, une supplémentation protéinée, vitaminée, riche en probiotiques et en omégas-3, s'est avérée positive.

Solution magique! Malheureusement, non! Les causes de l'autisme sont multifactorielles. Elles peuvent être génétiques et possiblement environnementales. Les pistes de solutions aussi sont multifactorielles. Tous les enfants n'ont pas la même chance, mais il faut quand même mettre toutes les chances du côté de l'enfant. Cette période de leur développement est tellement importante.

Des preuves, William en est une. Des garanties, il n'y en a aucune. Par contre, en ayant l'esprit ouvert, cela permet d'évoluer dans des sentiers qui méritent d'être explorés, surtout que rien de ce qui est proposé ne peut nuire à l'enfant.

William, c'est notre petit héro! Il est absolument adorable! Il nous donne le goût de ne pas baisser les bras, ne serait-ce que pour donner une chance à un autre enfant. »

Lise G., naturopathe

***

Message d'amour
« Je suis leur voisine et gardienne d'occasion. J'ai travaillé en tant qu'infirmière pour des enfants handicapés. Je ne saurais tenir sous silence les changements remarquables qui se sont produits dans le comportement de William après quelques mois. « C'est presque un miracle, répétais-je à sa mère! »

Au début, on le disait « autiste ». Il avait un comportement bizarre. Il faisait des crises dès qu'on le contrariait, se jetait par terre, criait à en fendre l'âme.

Grâce à la ténacité, à la persévérance et aux recherches multiples de sa mère, sans oublier la complicité du père, des changements radicaux et remarquables sont apparus chez William, surtout grâce au régime complet, approprié et constant, sans gluten ni caséine.

Il est devenu un gentil petit garçon, allumé, brillant et très aimable. C'est un ange protecteur pour sa petite sœur qu'il traite avec douceur. Bref, ce n'est plus le même petit garçon. Il est adorable. Toutes mes félicitations à ses bons parents, car ils n'ont pas baissé les bras devant les épreuves. Ils ont obtenu un succès remarquable grâce à leur persévérance constante pour le meilleur de leur fils.

J'aime beaucoup prendre contact avec William. Il a toujours plein de choses intéressantes à me raconter. Il a un esprit d'observation remarquable. »

Rita Ouellet

RÉFÉRENCES

Jepson, Bryan, *Changing the Course of Autism*, Sentient Publications, 2007, 354 p.

Groupe de médecins, *Qui aime bien, vaccine peu*, Éditions Jouvence. 2007.

Shaw . William, *Traitements biologiques de l'autisme et désordres associés* (livre sur CD) Éditions GPL, 222 p.

Magazine Discover, avril 2007 et janvier 2008.

Dépréaux,Marie-Christine, *Autisme, une fatalité génétique ?* Testez Éditions, 2007, 191 p.

Morin Monique, *Vaccins, Docteure Maman en a assez,* Covivia Publications, 2006, 167 p.

The Great Plains Laboratory (fiches explicatives accompagnant les résultats d'analyses)

Frenette, Gisèle, *L'intolérance au gluten, bien comprendre la maladie*, Éditions Édimag

Frenette, Gisèle, *Tout sur la santé de l'intestin*, Éditions Québécor, 2007, 150 p.

Generation Rescue Film, *Autism Yesterday* (CD).

Lanctôt, Ghislaine, *La mafia médicale*, Éditions Ghislaine Lanctôt, 2002, 263 p.

Lanctôt, Ghislaine, *Le procès de la mafia médicale*, Éditions Voici la Clef.

Robin, Marie Monique, *Le monde selon Monsanto*, (film sur CD)

De Brower, Louis, *La vaccination : erreur médiale du siècle,* Éditions LC, 1997, 271 p.

De Brower, Louis *La mafia pharmaceutique et agroalimentaire*, Édition LC, 1999, 355 p.
Mendelsohn, Robert S., *Des enfants sains, même sans médecin*, Éditions Soleil, 1987.
Mc Carthy, Jenny, *Louder than words*, Plume, 2008, 202 p.
Mc Carthy, Jenny, *Mother Warriors*, Dutton, 2008, 248 p.

Made in the USA
Monee, IL
04 November 2026

67387169R00074